朝日新書
Asahi Shinsho 945

ルポ 出稼ぎ日本人風俗嬢

松岡かすみ

朝日新聞出版

はじめに

2023年9月、観光目的でハワイに飛んだ30代の日本人女性が、現地の空港で入国を拒否され、強制的に帰国させられたという一件が、ニュースで報道され注目を集めた。報道によれば、女性はハワイの空港の入国審査において、「観光目的で来た」と何度伝えても、「仕事をするために来たのでは」と疑われたそうだ。現地の警察官から「なぜ一人で来たのか」「職業は何なのか」などと質問攻めにあい、27時間ほど拘束されたうえ、結局入国を認められず、強制帰国させられたという。

「日本人の風俗嬢が、海外に出稼ぎに行く動きが見られているらしい」という話を聞いて取材を始めたのが、その報道の1年弱前、ちょうど2022年末のことだった。

最初にその話を聞いた時は、コロナ禍の影響で国内で稼げなくなったからかと思ったが、「日本より海外のほうが圧倒的に稼げるのは、今始まった話じゃない」と、複数の風俗嬢が証言する。実際、これほどにも不況が長引くなかで「海外のほうが稼げる」と海を渡る例が相次いでいるのは、性風俗業に限った話ではない。

性風俗業の海外出稼ぎが問題なのは、それが違法行為ということだ。本当は現地で働いて報酬を得る目的で渡航するのだが、入国審査時にはそれを伏せ、別の理由を用いるなどして嘘をつく。そして期間限定で海外で稼いだ後、帰国あるいは別の国に移動する。冒頭の女性のように、観光目的の日本人女性までもが疑われたり、入国を拒否されるようになってきているのは、それが1件や2件では済まない動きになってきていることを示している。

違法に海外へ出稼ぎに行くのは、言わずもがな大きなリスクを伴う。その後の人生において、致命的な傷ともなりかねない。それを踏まえても、彼女たちを出稼ぎへと駆り立てるものが、どうやらお金以外にもあるようだ。一体それは何なのか。

まずは、ここ数年の間で出稼ぎを経験してきた、6人の女性たちのこれまでと出稼ぎに至った話を聞くところから始めよう——。

ルポ　出稼ぎ日本人風俗嬢

目次

第2部　何が彼女たちを出稼ぎに向かわせるのか　149

＊本書に登場する出稼ぎ当事者の女性たちの名前は全て仮名で、年齢は取材当時のものです。

第1部　ルポ　出稼ぎ日本人風俗嬢

固定客は海外の富裕層。一度の「ツアー」稼ぎは5万ドル――マリエさん

父からの殴打「今思うとあれは虐待だった」

「本気で稼ごうと思っている人は、とっくに海外で仕事を始めていると思います」

海外で性風俗の仕事を始めて、今年で7年になるというマリエさん（仮名・41歳）。特定の店に所属するのではなく、個人で顧客と直接やり取りして仕事を受けている。キャリアのスタートは、18歳で始めたスナックのアルバイト。その後、事務職を経て都内の風俗店で働き始め、性風俗の世界を知った。

関東地方の出身。小学校から高校卒業まで、勉強が苦手だった。小さい頃、一日中机に向かって漢字の書き取りをするように言われ、できないと父親に何度も殴られたという辛い記憶がいくつかある。覚えられなければ、殴られるの繰り返し。「父は勉強ができるようになってほしい一心だったんだろうけど、今思うとあれは虐待だったと思う」

と振り返る。行き過ぎた厳しさが、勉強嫌いになった原因だと感じている。

「男はこうあるべき、女はこうあるべき」という昔ながらの考えで生きている、保守的で厳しい父親。学生時代、気分転換に長かった髪の毛を切ってショートヘアにし、家に帰ると「まるで男みたいだ」「何事か」と殴られた。何が悪いのか、なぜ殴られるのかわからないまま、痛くて怖くて泣き叫んだ。以来、ショートカットがトラウマになり、未だに髪を短く切ることができない。父親が「そういうものだ」と考える枠からはみ出た時には、決まって殴られた。それでもマリエさんが何か習い事がしたいと言えば快く通わせてくれたし、基本的には愛情を持って育ててもらったと思っている。毎年、夏は家族で旅行に出かけるなど、家族との思い出も多い。

だが成長するにつれ、どこかで「親とは思考が違いすぎて、話が通じない」と思うようになっていた。家にいる時間が窮屈でたまらなかったが、中学高校時代は部活が忙しく、必然的に家にいる時間が少なかったことで、何とか気を紛らわせることができていた。とにかく一刻も早く、両親と暮らす実家を出たいと願っていた。

〝ヤクザマンション〟での生活

高校卒業後、18歳で初めて歌舞伎町を訪れた。テレビなどメディアを通じて歌舞伎町について知り、「ここには何か、自分の人生の助けになるものがあるのではないか」と直感的に思ったという。家を自分の居場所と思えない、似たような境遇の同世代がいるのではないかという思いもあった。

夜に生きる、さまざまな人が集う街。最初に歌舞伎町を訪れた日は、何もできず、ただ呆然と立ち尽くしていた。何時間か経った後、勇気を振り絞って、「すみません、ここで働きたくて来たんですけど、どうしたらいいかわからなくて」と、やっとの思いで、道行く男女数人に声をかけた。

〝品定め〟されている——。相手がこちらを見る目で、そう感じた。それは好意的な視線ではなく、夜の街で稼げる女かどうか、はたまたこの女を抱けるかどうか、という視点で目の前の女をジャッジしている目線だった。怖くはなかったが、気持ちの良いものではなかった。何人かは冷たい態度のままで、その場を去った。その後声をかけた一人は、もう少し話しやすい雰囲気で、街のことについていろいろと教えてくれた。その人とは、それから友達になった。

歌舞伎町で最初に始めた仕事は、スナックでのアルバイト。働くうちに、街で知り合いが少しずつ増えていった。「ここで何とか、自分の居場所を作りたい」と必死だった。

本当はすぐにでも実家を出たかったが、最初は家賃を払えるほどの稼ぎがなく、親元を離れたのは20歳になってから。実家を出て初めに住んだのは、勤務する店の寮でもあった、通称・ヤクザマンション。ヤクザや薬物に手を染める人も普通に暮らしている物件で、世間から見ると物騒な環境ではあった。だがマリエさんは、不思議と怖さは感じなかったという。

「ヤクザや薬をやっているといっても、〝自分の欲求に対して素直に動く人たちだな〟という印象で、怖いとか思ったことはないです。怒らせなかったら大丈夫だと思っていました。それに〝この人とは、言葉が通じない〟と感じた自分の親よりよっぽど、人間らしいリアリティを感じられたんです」

知り合いが増えていくなかで、違法な商売への勧誘活動やサクラなど、危険と隣り合わせの仕事の誘いが舞い込んでくることもあった。マリエさんに仕事の詳細は知らされないが、「これはきっと、警察に見つかったら捕まるんだろうな」と思うような案件に居合わせたこともあった。だが、怖いのは仕事内容や仕事を管理する元締めなどではなく、むしろ警察のほうだった。

「警察は、やっと手に入れた自分の生活を奪っていくかもしれない存在だったから」

水商売などのアルバイトで生計を立てていた生活が変わってきたのが、知人のアダルトグッズ関連企業で事務職を務めるようになった25歳の頃から。そのうち勤め先が風俗店を出すことになり、社長から「脱がなくても働けるから、やってみないか?」と誘われた。

M性感の店で自分の強みを知った

一口に性風俗と言えど、その内容は多岐にわたる。マリエさんが選んだのは、「M性感」と呼ばれる、M(マゾ)な性癖のある男性に性的なサービスを行うジャンルだ。いくらお金をもらえるとはいえ、見ず知らずの人と性交するのは絶対に嫌だったし、知らない男性の前で裸になったり、挑発的な格好をするのも嫌だった。だから「服を脱がなくても良い風俗があるんだ」ということが、接客の世界に足を踏み入れる大きな後押しになった。

初めて接客した日は、緊張していないように見せるので精一杯だった。自意識の強さも手伝い、「素人と思われたらダメだ」「なめられたら襲われるかも」と自分を戒め、必死でどんと構えているプロを演じた。

最初の勤務で得た報酬は、2~3時間で2万5千円。意外にもストレスもほとんど感じることがなく、自然と「他の仕事より稼げそうだし、やってみようかな」という気持ちになったという。

それから10年ほど、その店で働いた期間が「自分自身の基盤を作った」と呼べる経験になった。それぞれの客の要望を聞いて実践していくうちに、どんなことが喜ばれ、自分の強みになるのかを学ぶ。その意味で、客が最大の学びの対象で、いわば先生でもあった。接客を重ねるにつれ、世の中には、こんなにも多種多様な性癖というものが存在するのかと知った。例えば、一見隙のないスーツ姿の中年男性が、「とにかく自分を罵倒してほしい」「手足を縛って動けない状態にして、くすぐってほしい」「ラップで全身をぐるぐる巻きにしてほしい」などと真顔で懇願する。技術の習得は早く、仕事を始めて間もない頃から、客が途絶えないようになったという。

「私は、今でいうHSP（＝ハイリー・センシティブ・パーソン）に属すると思います。他人の感情の機微に人一倍敏感で、無意識のうちに人の考えていることにアクセスするのが得意。相手が何をしたら喜ぶか、どんなコミュニケーションを求めているかが不思議とわかる。自分で言うのも何だけど、一緒にいて心地いい存在でいられると思います。その素質が、こうした接客に向いていたんだと思う」

店で働いていて怖い思いをした記憶はあまりないが、一度、薬物中毒のヤクザの接客をしたことがある。パッと見て、「あ、シャブ中だ」と思った。無礼な態度で、腕には注射を打った痕が無数にある。その時も、とにかく空気を読むことに徹して、何とか接客を終えた。接客中に多少の怖さは感じたものの、それは「お客に乱暴されたらどうしよう」という思いではなく、「相手の無礼さに我慢できずに、自分が怒ってしまったらどうしよう」という怖さだった。

「空気を読んでいれば大丈夫ってわかっているから、別にシャブ中の人も怖くないです。ただ、私は無礼な人がダメで、つい指摘しちゃうことがある。そうやって自分が放った一言で揉めたりしないかが怖かった」

人の本能に近い〝リアルな姿〟が見られる仕事

次第に面白いと感じるようになったのが、サービスを提供するなかで目の当たりにする、〝表向き〟とは違う客の素顔だ。マリエさんの元を訪れる男性の多くが、特殊なフェチ（性癖）を持っており、マリエさんは客の好みに応じて、そのフェチを満たすサービスを提供する。例えば、「自分の顔をぐちゃぐちゃにしてほしい」という客。「自分の顔を恥ずかしい状態にしてほしい」という〝羞恥プレイ〟の一環だ。鼻の穴にフックを引っ掛けて、穴を引っ張り上げる「鼻フック」や、頭部にストッキングを被せて顔面を引っ張り上げる「顔スト」などの手法を用いる。

そうした客の中には、いわゆる社会的地位の高い人が結構いるらしい。例を挙げると、自分ではそこまで努力したつもりはないのに、なぜか人生がとんとん拍子にうまくいっており、ある時点からそれが無性につまらないものに感じているという人からの、「自分をめちゃくちゃに壊してほしい」というリクエスト。また、自分でもコントロールできないほどの過剰な自信があり、それをどうにかしてほしいという思いから、「ことごとく辱めてほしい」という要望に至る人。

会社の社長をしているという男性が「これで自分をくすぐってほしい」と、羽根のついた棒を大事そうにカバンの中から取り出したり、知識人としてメディアでも見かける男性が「動けない状態にして攻め立ててほしい」と懇願してきたりすることもあったという。そしてその場になると、マリエさんにとっては理解が及ばないポイントで過剰に興奮する姿を目にするうちに、人の本能に近い〝リアルな姿〟が見られる仕事だと思った。

「それはもう、価値観がぶっ壊されるような体験の連続でした。私はそれまで、生きづらさを抱えて生きてきたので、自分を不幸な部類に入るのだろうなと思っていました。でも、いろんな客と対峙するなかで、本当にいろんな人がいることを知ったし、これだけ特殊なフェチを抱えて生きるのも大変だろうなと。〝私は自分が思っているほど不幸じゃないのかも〟とも思えるようになったんです」

店で働いている時の稼ぎは、ひと月60万～100万円程度。それまで欲しいものもなかなか買えない生活だったが、自分で稼いだお金で好きなものを買えるし、美味しいものも食べられる。海外旅行にだって気軽に行ける。

「それまでの生活と比べたら、困らないのがすごいという感じ。好きなことができて、欲しいものとかやりたいことを我慢しなくていい。我慢しなくていいって、私にとってはすごいことだった」

店で働いていたのは、マリエさんを含めた3～4人の女性。経営者は先述の社長だが、マリエさんともう一人の女性が中心となって、店を運営していた。


ブログで発信し客から問い合わせが入るように

そうしたなか、何気なく始めたのがブログだ。始めた頃は、自分を宣伝しようという気持ちではなく、〝自分が仕事で体験したちょっと面白いこと〟をただ発信してみようと考えた。

「私はちょっとシニカル（物事を冷笑的にながめる見方や態度のこと）な笑いが好きで、自分の仕事についても一歩引いて見てしまうところがある。もちろんブログの発信によって『面白い子だなと思われたら、お客さんが来てくれるかな』という淡い期待もあったけど、最初の頃はそれが宣伝になるとは思ってなかったです」

ところが当初の予想とは裏腹に、ブログを見た新たな客から問い合わせが入ることが増えた。ブログの投稿で徹底していたのは、自分の姿は出さず、技術面や客の写真をアップすること。もちろん、写真は個人が特定できないものが鉄則だ。

「写真を撮ったり、その写真をブログに載せたりすることは、私がお客さんにお願いしたのではなく、どちらかといえばお客さんのほうからのリクエストでした。というのは、客は自分のプレイ中の姿を見られないから、後から自分で見直せるように、記念として写真を残しておきたいという感じ。恥ずかしい状態の自分を晒してほしいというリクエストもあります。ブログを読む人は、プレイ中の客の写真を見て、自分を投影しているんじゃないかな。ジャンルが特殊で、見る人が限定的ということもあり、写真を載せることのリスクより、誰かに『見せたい』という欲求が先に来るのかもしれません」

その後、ツイッター（現・X）での発信も早い段階で始めた。

「私はSNSをやるうえで、〝10年後に見た時に、恥ずかしくないタイムライン〟というのを意識しています。それもあって、巷にあふれているようなセクシーな写真とかエロい動画とかを載せるんじゃなくて、自分は一切出ずに、技術面を紹介する。ツイッターでは、技術を表現するための動画を結構アップしていて、それがバズったりしていました。こういうやり方をしている人って未だに特殊なので、〝これを発信しているのは、一体どんな子なんだろう〟というミステリアスさも、関心を引く要素になったと思います」

当時風俗店の主な宣伝手段は、紙メディアに店が広告費を出し、風俗嬢や店についての広告を掲載してもらうという方法がオーソドックスだった。そんななか、一風俗嬢が個人的に発信するツイッターやブログは物珍しく、界隈で注目を集めた。ツイッターのフォロワー数やブログの読者数が増えるごとに、読者からの反応が見えるのが面白かったし、「これは商売するうえで武器になる」という手応えを感じた。

「いわゆる広告媒体に頼りたくないという思いは、当初から強かった。なぜなら、〝その他大勢〟になってしまうから。自分がこの世界で生き残るためにも、どうやったら他と違う存在感を示せるか、どうすれば人の関心を引くことができるかというマーケティングについて、今に至るまで徹底して考えてきました」

こうした発信を通じ、客から次々と指名が入るようになるまでには、そこまで時間がかからなかった。ブログやツイッターに、問い合わせ用のアドレスを記載しており、そこから指名の連絡が入る。そのうち、日本人だけでなく、海外に住む外国人からの問い合わせも増えていく。

キャリアの転機

最初の海外からの客は、40代ぐらいのイギリス人だった。英語で届いた問い合わせメールは、店の同僚がGoogle翻訳で訳してくれた。出張で東京を訪れる際に、接客してほしいという。翻訳機能を使い条件などについてやり取りし、都内のラブホテルで会って接客した。当時は店に所属していたこともあり、個人的に受ける仕事も料金は店と同額にしていた。そうして客を広げるにつれ、「この仕事について、もっと学びたい」という気持ちが大きくなっていったという。

転機になったのが、今から8年前に友人と行ったヨーロッパ周遊の旅で、同業者らと直接会って話す機会があったこと。マリエさんは、SNSなどで発信するのと同時に、海外の同業者の発信もチェックしていた。ツイッターやインスタグラムなど、世界的にSNSがぐっと広がっていった時期で、日本ではまだ珍しかった風俗嬢の発信も、世界的に見ればずっと先をいく同業者たちがいた。そうした女性たちが集まる会が、ヨーロッパのとある有名なクラブで開催されるという。クラブを訪れたマリエさんは、彼女たちと実際に会って話し、とてつもなく大きな刺激を受けた。

「特定の店に所属し、その店につけてもらった客の数をこなしていくスタイルが一般的な日本の風俗ビジネスと比べ、私が出会った海外の同業者は、〝自分のビジネスを自分でやるのが当たり前〟というスタイルで、プロ意識が大きく違った。そもそも誰も店に所属することに対してメリットを感じていなくて、個人で自立して仕事している。金額も内容も自分で決めるし、顧客を増やすための自分のブランディングやマーケティングについても惜しまず努力する。全ての責任を負う代わりに、全部自分で決められる。そんな働き方をしている彼女たちは、日本の風俗嬢とは桁違いに稼いでいました」
自分も彼女たちのような働き方がしてみたいと思ったマリエさんは、そのクラブのオーナーに「来年、ここで短期間働かせてほしい」と直談判。承諾を得ることができ、翌年夏の1カ月間クラブで働いたのが、その後のキャリアを飛躍させるきっかけになった。

初めは通訳つきで接客

そこでの働き方は、個人事業主としてクラブの場所を借り、クラブに場所代を支払うという構図だ。プレイの内容や料金設定は自分で決め、客は店ではなくマリエさんに料金を支払う。有名クラブなだけあり、クラブ自体にさまざまな国の富裕層の客がついていたこと、そして日本人女性が珍しかったことも手伝って、瞬く間に界隈で名が広がった。

最初に設定していた料金は、1時間2万円。クラブのオーナーからは「安すぎる。国際的に働くなら、もっと金額を高く設定したほうがいい」とアドバイスされた。また、英語版のホームページを作ることも勧められた。

最初のうちは、英語力が低いことから、通訳をつけて接客した。先のヨーロッパ旅行で知り合い仲良くなった女性が、英語とドイツ語、日本語を話せたため、彼女に通訳を依頼。接客中も同じ部屋にいてもらい、客とコミュニケーションを取った。

「お客さんたちは、私の接客をアクティビティ感覚で〝体験しに来ている〟という人が多く、予定調和ではないことを喜ぶ感じのスタンスです。だから通訳を立てていること自体も面白がってくれて、ポジティブに捉えてくれる人が多かったのは救いでした。接客中に使う言葉は限られているので、繰り返しているうちに話せるようになりました。翌年の夏にまた同じクラブで働く時には、通訳なしで話せていましたね」

そうして海外で接客を重ねるうちに、日本では感じなかったやりがいを感じるようになった。いわく、日本では店が設定した基本コースありきで、オプションメニューの内容に至るまで、パッケージとして決められているのが当たり前。その中から、客が自分の嗜好に合わせて選ぶというシステムで、決められた料金以上にお金が払われることはまずない。それに対して海外では、パッケージがほぼ存在せず、客との交渉で内容が決まる。サービスごとに金額設定するのではなく、一緒に過ごす時間そのものが売り物になるという考え方がベースだ。例えば「2週間、一緒に過ごしてほしい」というオーダー。それは必ずしも性的なサービスばかりを充実させるというものではなく、食事したり他愛ない会話をしたり、眠ったり、普通に生活する時間も含めて、客は丸ごと一緒に過ごす時間を〝買う〟。自分の裁量次第で、大きく仕事を広げることができると感じた。

「チップの文化もあり、決められた料金以上のお金を得ることもできる。海外の客を相手に働くほうが、ずっとやりがいも可能性もあると思いました」

また、「自分の中で、エロティックという概念が大きく広がった感覚があった」とも言う。自分をどう見せ、どんなふうに売るかも一から組み立てる。客の想像力をどう掻き立て、高い金額を支払ってでも会ってみたいと思わせるか。客の欲望をどう引き出し、指名につなげるか。それを突き詰めるうちに、自分の中でのエロティックの概念が広がっていった。

「言葉で説明するのは難しいけれど、一つ言えるのは、日本で安売りされ、大量消費されているような〝ただのエロ〟とは全くの別物であるということ。経験を重ねるにつれ、自分の見せ方や客の興味を引く発信方法が身に着いてきました」

日本の店をクビになり本格的に海外へ

こうして、日本の店で働きつつ、海外で短期間働いたり、海外からの客に日本でサービスを提供したりと、さまざまな経験を積んでいった。店の売り上げも順調で、かつ個人として直接受ける仕事も順調。まさに順風満帆に過ごしているなかで、店を運営する会社の社長から突然クビを言い渡されたのは、青天の霹靂だった。どうやら社長は、マリエさんが客から直接仕事を受けていることが気に食わなかったようで、マリエさんのSNSなどでの発信も、苦い気持ちで見ていたようだ。

この頃、マリエさんのツイッターのフォロワー数は、すでに1万人を超えていた。店の売り上げの多くもマリエさんが占めていたし、店を介さず個人的に受けている客も何人もおり、「一人でもやっていける」という自信があった。クビの宣告は寝耳に水ではあったが、「店で働けなくなるのは困る」とは全く思わなかったという。

「クビを言い渡された時は、社長が感情的になっていました。社長は昔ながらの風俗業界のおじさんという感じで、プライドが優先するというか、下だと思っている人間からアドバイスされるのが気に食わないんだと思います。私はクビになっても経済的には困らないけど、店に対する思い入れはある。私がいなくなると、店の売り上げ的にも困るのがわかっていたので、『週1～2回だけ店で働くこともできます』と社長に言ったのですが、聞く耳を持たなかった」

社長とは残念な別れ方になったが、「店で過ごした10年は、振り返れば青春だった」とマリエさんは言う。人のさまざまな面を見る、この仕事ならではの面白さを知り、仕事を通じて自分の強みを知ることができた。

かくして、店を辞めて独立したのが30代半ばのこと。10年間、同じジャンルの店に所属しながら技術を磨き、日本人だけでなく海外の客も相手にしてきて、日本で言うM性感を超えた独自性と技術力がついたという自負もあった。客から、「マリエの技術はすごい」と褒められたことも一度や二度ではない。マリエさんを指名する国内外の客の数やリピーター率も、他にない魅力があることを示していた。

さて、これからどうしようか。そう考えた時、「本腰を入れて、海外顧客（とくに富裕層）を相手に仕事をしよう」と考えたのは、もはや自然な流れでもあった。

料金は1時間600ドル〜

主なターゲットは、出張などで日本を訪れる海外のリッチなビジネスマン。SNSや英語版ホームページなどを通じ、マリエさんに興味を持った男性から直接問い合わせが入る。日程や場所、金額や内容などの条件が合えば、男性の宿泊先を訪ねて仕事をするという流れだ。

加えて、自分も海外に出稼ぎに行く。海外での仕事は、国ごとにいくつかの都市を訪れるツアーを組むのが主だ。事前にSNSで、訪問予定の都市と日程の目安について告知し、客からの問い合わせに個別に対応する。料金は米ドルで1時間600ドル〜（現在の日本円で約8万7千円〈1ドル＝145円換算。以下同〉）に設定しているが、あくまで目安。短時間で良い客もいれば、数週間〜1カ月単位と、長い期間を共にすることを希望する客もいる。なかには「毎月これぐらい払うから、関係性を維持してくれ」という客もいる。そうした場合、客から額を提示されることになるが、提示額が設定料金を下回ることはないため、応じることが多い。

支払いは当日前払いが基本だが、海外の場合には、未払い防止のため、預かり金として総額の10~50%程度を渡航前に支払ってもらうこともある。お金のやり取りは、現金、オンライン決済サービス、海外口座への振込などさまざま。ただ現金の場合は、日本に持ち帰れる金額に上限があるため、信頼できる現地の客や知人などに預け、振り込んでもらうなどしている。マリエさんは、オンライン送金サービスで法人アカウントを持っていることもあり、まとまった額を度々動かしても、これまで疑いの目を向けられたことはないという。

「長いお客の中には、航空券やホテルを手配してくれたり、スポンサーになってくれる人たちがいます。そうした信頼できる人に、送金関係のお願いをすることもあります」

コロナ前までは、各国を転々として稼いでいたが、現在の主戦場は「手堅く稼げる」という欧米とアジアの3カ国。一度のツアーの目標額は5万ドル(約725万円)で、今までで一番稼いだのは2週間で約270万円を支払った客の時だった。現在の固定客は40人ほどだという。

「日本での風俗の仕事は、安い単価で数をこなして稼ぐというのが一般的ですが、例えばアメリカ、ドイツ、シンガポール、香港あたりでは、1回の単価の相場が日本の約3倍。そもそもの単価が高いのに加えて、日本人はサービスが良いので、さらに稼げる可能性がある。日本人は、きめ細かで質が高いと評判がいいんです。海外で現地の客を相手に仕事をしている性風俗業の日本人女性はまだまだ少なく、人気が高いのにレアで、いわばブルーオーシャン。効率よく稼げるし、今の仕事を続けるなら、これ以上ない働き方で気に入っています」

憧れの同業者からノウハウを学んだ

こうしたツアーを組んだ出稼ぎ方法は、マリエさんが「最も影響を受けた人物であり、尊敬する人物」として名前を挙げる、国際的に有名なセックスワーカーの女性から学んだ。過去に雑誌『Newsweek』でも紹介されたことのある、影響力の大きい女性だ。インスタグラムのフォロワー数は11万人超え。ホームページやインスタグラムは、まるでファッション雑誌『VOGUE』のようなハイエンドな世界観で、写真も美しい。「エロ」ではなく「セクシー」な雰囲気。そして、ただセクシーなだけではなく、ファッショナブルで洗練された、どこか高貴な印象。徹底したブランディングで独自の世界観を作り出している。

「彼女は、各国のセックスワーカーの中でも、圧倒的にマーケティングが上手くて、そのセンセーショナルな雰囲気に注目していました。ある時、彼女が同業者に対し、ツアーを組んで客を募る稼ぎ方を教える〝ハウツー・ツアー〟を売り出したんです。そこで彼女にコンタクトを取り、その時彼女が滞在していたシンガポールまで会いに行きました」

初めて会った時は衝撃だった。空港に到着すると、専属のドライバーがマリエさんの名前を書いたウェルカムボードを持って立っており、外には黒塗りの専用車が待ち構えている。向かった先は、彼女が滞在している5つ星ホテルのスイートルーム。そこで彼女と実際に会って、富裕層を相手に仕事をするのに必要な姿勢を学んだという。

「彼女は3日間で700万円を稼ぐ人で、仕事に対する意識も稼ぎ方も、日本人のそれと大きく違って憧れました。彼女は自分にとてつもない自信を持っていて、全く自分を疑っていない。それが彼女の〝あり方〟から見て取れました。例えば、日本の風俗嬢だと、お客から大金をもらったら、それに見合ったサービスを提供しないといけないと思って必死になると思うんです。でも彼女は、〝私と過ごす時間そのものに価値がある〟と本気で思っているから、大金を払った客の前で、優雅にお茶を飲んだりできる。普段から自分のために人が動くことが当たり前な富裕層の客ほど、それを面白がるしリピーターになる。私も彼女のように、仕事も収入も成功したいと思ったし、もっと広い視野でこの仕事をしてみたいと思いました」

この女性の影響もあり、マリエさんは富裕層の客を獲得するための方法の一つとして、ブランディングを徹底してきた。ファッショナブルで、ハイエンドな世界観のホームページやSNS。昔からモードファッション雑誌や芸術が好きで、自分の中に自然とそうした美意識が根付いていた部分もある。

ただ、先の彼女と大きく異なるのは、ブログやツイッターと同じく、自分の顔がわかるような写真は決して載せないこと。足元や手元だけの写真や後ろ姿、横顔など、スレンダーで引き締まった身体の持ち主なことや、容姿が美しいことは想像できるものの、「一体どんな人なんだろう」と思わせる写真を載せる。客の想像力を掻き立てる仕掛けだ。

また、セクシー、色っぽい、エロいなどといった、いわゆる性風俗の王道的なイメージとは一線を画した雰囲気を意識し、胸を強調するような写真などは一切ない。さらに、料金もホームページなどではあえて公表しない。いわく、「本当にお金がある人は、〝一体いくら払えばプレイができるのだろう〟と想像する時間も楽しむものだから」というのが理由だ。

「だから同業者で料金設定を書いている人って、やり方が下手だなあって思っちゃいます」

インスタグラムでのブランディングも抜かりない。例えば各都市のツアーでの出来事をまとめたストーリーのアーカイブを辿ると、滞在先の豪華なホテルに、飛行機のビジネスクラス席での優雅な時間、豪勢な食事にきらびやかなリゾートなど、リッチな世界が繰り広げられている。客を富裕層に絞るためには、どこからどう見ても、〝お金がかかる女性〟であるように見せるのが、ブランディングでも重要なポイントの一つだという。

「お金がある人は、何か非日常の〝体験を買う〟ことで、お金を使いたいと考える人が多い。だから〝私は刺激的な体験ができる、お金のかかる女ですよ〟という看板を掲げておくんです。そうすると、こうした世界観に共鳴する人が絞り込まれてきて、ある程度お金のある人しか寄って来なくなる」

こうしたブランディングが一定のフィルターの役目を果たしているというわけだ。加えて事前の問い合わせ段階でのやり取りを徹底していることもあってか、海外での接客時に怖い思いをしたことはこれまで一度もないという。

ただ、ここ数年で大きな変化を感じるというのが、渡航先に入国する際の手続きだ。マリエさんが海外に行き始めた頃は、日本人女性の一人旅と言っても特に目をつけられることはなかったが、ここ2〜3年で、入国の理由について、審査官から相当細かく、厳しく質問されるようになってきたという。

徹底的な入国審査対策

言わずもがな、海外で働くには就労ビザが必要となる。だがマリエさんのように性風俗業で出稼ぎをする場合、現地で働くことを伏せたうえで観光ビザなどで入国し、現地で短期間働いて帰国するか、別の国に移動するのが主だ。マリエさんは自分の仕事をセラピストやカウンセラー、コーチング講師などと名乗り、入国審査を受けている。それでも単身で何度も出入国を繰り返していると、怪しまれることが増えてきた。実際に、入国審査を経て税関を通った後に警察官が追いかけてきて、入国の目的や滞在期間、滞在先などを細かく聞かれたこともある。

こうして疑いの目を向けられると、所持品のみならず、SNSやスマホの写真なども確認されることになるため、出国前にはスマホから仕事関連で使用しているアプリや写真を全て消し、クラウド上に移したり、仕事用のアカウントを削除したりするなどして、スマホを見られても大丈夫なように徹底している。セラピストやカウンセラーと名乗る時に提示するための、SNSのアカウントも用意しているというから周到だ。

「入国審査については、同じように各国に出稼ぎして働いている同業者同士で、〝この国のこの空港で、こういうことがあったから気をつけて〟という情報交換を活発にしながら、なんとか網をかいくぐっています。海外で仕事をしていると、日本は貧しい国になってきていることを実感しますが、最近はもはや〝不法就労をする可能性がある貧困国〟として認識されてきているのが明らか。私のように仕事用のSNSアカウントで発信する日本人も出てきているので、動きが可視化されている面もある。これ以上取り締まりが厳しくならないことを祈りますが……」

直近でアメリカへ入国した際には、怪しまれないための対策として、まずシンガポールに飛び、シンガポールからアメリカ人の客と一緒に、席はビジネスクラスのみという特別フライトに乗って、アメリカ東海岸の空港に飛んだ。一旦シンガポールを経由していることと、ビジネスクラスの客ということで疑いのハードルが下がるのに加え、客を「ボーイフレンド」と説明。入国審査は特に問題なくクリアしたという。

しかし自己責任とは言え、いつ摘発されてもおかしくない危険と隣り合わせという状況だ。「不法就労で捕まるかもしれない危険を考えると怖くないか」と問うと、「うーん。それればっかりは運の問題ですよね」と、どこか割り切った答えが返ってきた。

「入国時のリスクは確かにあります。もし捕まったら、その国では出稼ぎを諦めるしかないですね。でも、入国さえしてしまえば、個人レベルでの動きが検挙されることって、まずないと思う。エージェントを通すと組織犯罪になるので、検挙のリスクも高まると思いますが、今のやり方を通している以上は、入国審査さえクリアすれば基本的には何とかなると思っています」

同業者に技術を売る講師活動も

マリエさんが大きな影響を受けた先述の女性もそうであったように、性風俗のさまざまなジャンルにおいて、同業者向けに自分の知識や技術を売る動きが、ここ数年でより活発になってきている。マリエさんは7～8年前と早い段階から、国内外で特定の性的なサービスに伴う技術を教える講師としても活動してきた。マリエさんのSNSなどで紹介される技術に興味を持った同業者らから、「技術を教えてほしい」と問い合わせが入ることもある。ツアーで訪れる都市で場所を借り、同業者向けにクラスを開催したり、個別指導を行ったりもしている。

最近は、欧米の都市で1人1日500ドル、生徒数12人のクラスを3日間持ち、日本円で261万円程度の収入を得た。日本でも同様のレッスンを行っており、初回は10万円、2回目以降のレッスンは2万円としている。これまでにレッスンを受けにきた日本人は15人ほどで、海外でのレッスン参加者のほうが多い。講師活動は、人に教えられるほど技術力が高いという点で自身のマーケティングにも有効で、かつ同業者のネットワークを広げることにも一役買っている。

「私は〝今、これをやったほうがいい〟という動物的な勘が鋭いほうだと思う。講師として活動することも、性風俗の仕事をするうえで大きなメリットをもたらすと思って動いてきました。方向性や感覚が合えば、こうして出会った同業者と一緒に、客へのサービスをすることもあります。お互いの客を広げることにもつながるし、知見を深める機会にもなる。単身で活動するうえで、同業者のネットワークがセーフティネットとして機能することもあるから、横のつながりはとても大切なものです」

リピート客とのやり取り

現在、各国に40人ほどの固定客がいるマリエさんだが、長い客は10年ほどの付き合いになる。関係が長くなるほどに、作り込んだ姿ではない、素の部分がどうしても出てくる。ハイエンドな世界観で売ってはいるが、ずっとそれを貫き通すわけではなく、相手に応じて臨機応変に変えていく。例えば外食は高級店ばかりだという富裕層の客を日本の中華チェーンの「日高屋」に連れて行ったり、綺麗に整った服装ばかりではなく、ときにはドラえもんのTシャツを着ることもある。

「長いお客からは、〝マリエは他と違う〟と言われます。最初はブランディングも兼ねてかなりハイエンドなイメージから入るため、それを良いギャップと捉えてくれる人がお客として残ってくれる。同業者には、〝客からお金をどう引っ張るか〟〝どう作為的に惚れさせるか〟みたいな考えの人が結構いますが、私は相手と仲良くなってくると、お金のことがどうでも良くなってきたりするし、必要以上にもらおうとも思わない。遊び慣れている人ほど、それが新鮮に映ったり、〝マリエって優しくていい子だね〟となったりする。それに、優しくない態度をされた時には相手に対して〝不愉快だ〟と普通に怒るので、怒られる経験が新鮮で喜ぶ客もいます。長いお客さんは、そういう私の素の部分も含めて好きと言ってくれます」

例えば、ここ4年ほど毎年仕事を受けている、アメリカの高級住宅街の豪邸に1人で暮らすおじいさん。コロナ禍で、「アメリカの自宅で、半年ほど一緒に住んでほしい」という依頼から始まった関係だ。同居することでの報酬は、ひと月1万ドル（約145万円）。それから客が毎年、日本に旅行に訪れて一緒に過ごし、2年前には1週間の国内旅行に付き合う仕事で1万ドルの報酬を得た。昨年は再びアメリカに飛び、自宅を訪問した。

「彼と会う時と別れる時は、ちょっとうるっとしてしまいます。孤独なおじいちゃんで、私が一生懸命話を聞いたり、一緒にリラックスして過ごすのが嬉しいみたい。アメリカという資本主義かつ金銭至上主義の国で生きているからか、〝お金第一な人〟があまり好きじゃないようで、そうした理由もあって、リピートしてくれているみたいです」

出稼ぎの最大の目的は「稼ぐこと」に他ならないが、「旅をするのが楽しい」というのも後押しになっている。昨年は初めて、客がお金を出してくれてファーストクラスでの旅を経験した。英語が自由に話せる今、旅先での仕事以外の場で新たな交友関係が広がるのも、海外に行く醍醐味だと話す。

「海外にいるのは、自分にとって大事な時間。刺激を受けるし、視野を大きく広げてくれるから」

自分の仕事が必要とされている

海外での出稼ぎを重ねるなかで、自分の仕事についての捉え方が変わってきたところもある。日本で風俗嬢として働いている時は、「自分の仕事＝男性の性欲の処理」と、仕事としての自分の役割を低く見積もっているところがあった。だが海外で働くうちに、性風俗の仕事は、何かもっと別の役割を担っているかもしれないと感じるようになった。

というのも、客はもちろん、プレイの技術や体験、癒しなどを求めてマリエさんの元に来るのだが、マリエさんに本気で相談を持ちかけたり、打ち明け話をし始めたり、時には泣き出したりと、心まで丸裸になって弱い部分を隠さない人が、少なくない人数いるという。その中には、医師や弁護士、企業社長、著名人など、社会的地位が高いとされる職業の人もいれば、先述のような孤独なお金持ちもいた。客にとって、性風俗の場が〝外の世界〟では見せられない部分を、唯一見せられる場所だとすれば、性欲の処理とは別の機能がありそうだ。その意味で、マリエさんは「性風俗の仕事は、セラピーに近いところがある」とも分析する。

「男性が自分の脆弱性をダイレクトに表現することを、まだまだ社会が許していないところがあると思います。特に社会的な立場が上になればなるほど、なかなか弱さを見せられなくなってくる。だから男性は、外ではこうした弱い部分を、例えば怒りなどに変換して発散させていたりします。でも男性だって、弱い部分があるのは当たり前だし、不安や悲しみなどの弱い感情を、思いっきり子どものように発散させたい時がある。私の前で赤ちゃんみたいに泣きじゃくったり、弱さを丸出しにする人が珍しくないのを見ると、弱い部分を丸ごと見せられる場を買っている、とも言えるように思います。つまり男性にとって性風俗は、自分の弱い部分を見せられる場でもあると思うのです」

こうしたセラピー的な役割は、海外で接客している時のほうがより強く感じるという。

「だから海外に出てみて、もっと自分の仕事が必要とされていると感じて嬉しかった。やりがいみたいなものをしっかり感じられるようになったんです」

日本の風俗嬢は自分で考えていない

日本と海外の両方で働いてみて、同じ仕事であっても、仕事の仕方や取り巻く環境には大きな違いがあることも感じてきた。例えば客をもてなすという点において、日本の接客サービスがいかに手厚く質が高いかということ。また、海外では客からの評価も大切である一方で、自分で自分の価値をどう見積もり、いかに見せていくかが大切であること。日本では、店が用意したメニューの中で決まったサービスを行うが、海外では交渉で決まることが前提であるため、もっと深く客と関わらざるを得ない。そのためコミュニケーション力がより必要になってくることも経験して知ったことだ。

そして富裕層を相手にし、「一緒に過ごす時間を買いたい」と思わせるには、自分への自信と、自分の意見や考えをしっかり持っていることが大事であることも肌で感じて学んだ。それは、日本での〝モテ〟の記号の一つである「ぶりっ子」的な感覚が、いかに日本特有のものであるかを知るのと表裏一体だった。

「日本の女性って、例えば高額な物を〝自分で買った〟と話すより、男性に〝買ってもらった〟というほうが羨ましがられる傾向がある。海外は逆で、自立して自分で獲得する喜びのほうが勝ります。西洋では、自立していることが〝モテ〟の要素になるのに対して、日本では女の子がわざと稚拙で幼く、か弱い感じを出したり、頭が悪そうに振舞ったりする。それで女性としての価値が上がるって、世界的に見ても異常だなと。そういう社会構造の中にいると、頑張らなくていいんだ、男性に従属していればいいんだ、と考える女性が出てくるのも容易に想像できるし、実際に風俗嬢の中でも、そうした子たちがいるのをたくさん見てきました」

マリエさんから見ると、日本の風俗嬢は、自分の仕事やキャリアについて「考えてない人が多い」らしい。男性が男性のために作った、男性の欲求を満たすためのシステムの中で、「エロければいい、とりあえず脱げばいいと、安く自分を売っていることに気づいてない」。考えていないから人に流されたり、後先考えずにホストに貢いだり、「他にできる仕事がないから」と、投げやりな姿勢で風俗の仕事についていたりする、と。

「考えることをやめたり、自分はこの程度と諦めたりすると、そこで終わってしまう。私は日本の店で働いている時から、〝店にいる女の子なら誰でもいい〟というフリーのお客につくのが嫌でした。自分なりにブランディングを考えて、自分ならではの発信をし始めてからは特に。海外で稼いでいる同業者の女性たちは、セックスワーク＝お金を稼ぐための手段だと真正面から受け止めて、マーケティングやブランディングなど、どうやったらもっと稼げるかと、自分でいろいろ考えて実践しています。日本の風俗で働いている女性は、びっくりするほど考えてない人が多い」

昨今、日本では、エージェントやスカウトと名乗る人物らを介して、海外出稼ぎに行く風俗嬢らの動きもある。ＳＮＳなどでも「海外案件、高額案件あります」「きめ細かくフォローするので、安心して出稼ぎできます」といった、海外出稼ぎを誘う甘い勧誘文句が散見される。実際にこうしたエージェントを介して、現地でトラブルに遭う被害も出てきているという。

「私の周りでは、エージェントを介して出稼ぎに行く人なんて聞いたことないですよ。〝どうやって出稼ぎしたらいいのかわからないから、エージェントやスカウトを介す〟という考えが、あまりに短絡的でリスキーだと思う。まさに自分で考えようとしてない人が使う手段では。いずれにせよ、もっと自分で思考できるようにならないと、海外に出て稼ごうと思っても難しいと思います」

家賃は9万円。堅実な暮らし

海外に行き始めてから、「収入が上がったから、仕事量をぐっと減らせた」というマリエさん。ある程度稼いだら他のことをして過ごしたいのもあって、そこまで詰めて仕事を入れないようにしている。現在の年収は、2500万円ほど。昨夏に1カ月間、アメリカで働いて稼いだ額は700万円弱だという。

「私の場合、今、圧倒的に稼げるのはアメリカ。稼げるから、本当はしょっちゅう行きたいけど、あまり行くと怪しまれるから行けません。次はそろそろ、学生ビザかアーティストビザ、もしくは客に何らかの形で雇ってもらって就労ビザを取るとか、対策を変えたほうがいいかもと思っています」

しようと思えば豪華な暮らしができる経済状況だが、都内にある自宅は、2DK、家賃9万円という、いわば平凡な物件だ。賑やかな立地にある、少々築年数の経過した古めの物件である。取材で部屋を訪問させてもらったが、きちんと片付いて掃除の行き届いた、居心地が良さそうな空間だった。隣にもう一部屋、講師業を行うための仕事部屋として7万円の部屋を借りているが、2部屋合わせても合計16万円。年収からすれば、堅実と言える物件だ。

「海外に出稼ぎに行って不在にしている期間も長いし、いつまでここに住み続けるかわからないと思いながら、気づけば結構長く住んでいます」

特に節約志向が強いわけではないが、自分の仕事＝水物という意識が強く、将来に対する漠然とした不安がある。だからいざという時の備えとして、ＮＩＳＡ、ｉＤｅＣｏ、小規模企業共済ともに、毎月上限額ぎりぎりまで掛けているし、国民年金もきっちり支払っている。

家賃に加え、食費や交際費などを合わせた生活費は、月30万〜90万円ほど。スマホで家計簿もつけており、ここ半年の生活費を振り返ると、55万、35万、88万、54万、78万、58万と数字が並ぶ。ブランド物など、高額な品物を買うことはあまりないが、昔から人に奢るのが好きで、「自分より稼ぎが低い人には基本的に奢る」。外食に行くのは週2〜3回で、一緒に行く人の分も含めて1回3万〜4万円ほどの支払いが平均だという。

「外食は、豪華なところも結構行きます。日本で働いていた頃から奢り癖があって、人にご馳走ばっかりしてますね。お会計の時に、〝誰が払う？〟っていう空気が嫌だし、気持ちよく払って〝ありがとう〟って言われたいのもある。だから何にお金を使うかって言うと、外食に一番お金をかけています」

国内、海外の収入ともに、稼いだお金は、講師業やカウンセリングで得た収入として計上し、税理士を通じて毎年確定申告をしているという。海外の銀行口座にも稼ぎをプールしているが、デビットカードの引き落とし先を海外口座にしていれば、世界中どこにいても海外口座にあるお金が使える。あわせて、1つの銀行で複数の通貨の口座を保有することができ、ネット上で自由に通貨の変更ができる海外銀行のマルチカレンシー口座なども利用している。そのため「海外で得たお金をどうやって日本に持って帰ろう」という心配はほとんど皆無だという。

「私の場合、先に対する不安もあって、あまり派手にお金を使うほうではないけれど、一応備えもしているし、ちゃんと納税している安心感もある。だから経済的な不安は、そんなにありません」

「精神的な豊かさをもっと知りたい」

自分なりに努力しながら築いてきた、自分にとって理想の働き方。その一方で、マリエさんは「あと2年で、この世界から足を洗う」と決めている。

「今は、贅沢より、もっと豊かなものに興味があります」

性風俗の仕事を通じ、心理学の分野に強い関心を抱くようになった。そのため今は仕事を少しセーブしながら、日本で心理療法の学校に通っている。

「強いられる勉強は嫌いだったけれど、自分が知りたいことを知るのは楽しい。今、学ぶのがとても楽しいんです」

これまでいろんな客を見てきたが、忘れられないのは本気でマリエさんのことを愛してしまった人たち。「君のために作ったんだ」と手作りのご飯を持ってきた人もいれば、エモーショナルに求婚されたこともある。どれだけお金を積まれたとしても、心を売ることはできないと悟った。

また、富裕層の客を相手にするなかで、幸福とお金がセットではないことも知った。

「本当の意味でハッピーなお金持ちに出会ったことがない」とも口にする。

「どれだけお金を持っていても、私との関係を買わないといけない人というのは、どこかで孤独なんですよ。一緒に豪華なホテルに泊まって、ビジネスクラスで世界を豪遊しても、本当の意味でその孤独や寂しさを埋められるわけじゃない。それに、贅沢って飽きるんですよね。だから、物質的ではない、精神的な豊かさをもっと知りたいと思うようになりました」

海外の同業者のネットワークも広いマリエさんは、同業で働くさまざまな女性たちを見ていても思うことがある。いわく「どれだけ稼いでも、結局はお金に振り回されているのではないか」ということだ。稼いでも稼いでも「もっと稼がなきゃ」と、収入をキープすることに必死になる。だから同業者から「効率よく稼げるこの仕事を選んでいる」という言葉を聞いても、どこか自分自身に言い聞かせている言葉のような気がするという。

「これはこの職業や国籍に限らず、稼いでいる人が共通して無意識的に抱えている闇のようなものかもしれません」

両親は今、マリエさんがどんな仕事をしているかは知らない。母親には「カウンセラーをしている」と話しているが、「何か別の仕事をしていると勘付いていると思う」という。それでもラインなどで頻繁に連絡を取り合い、会ったら「大好き」と言ってハグする。80代になった父親とは、あまり連絡をとることはなく、気づけば3年以上会っていない。

「振り返れば、父との関係は、怒りというより悲しかった。今はただ、幸せであってほしいと願うだけ。母とはよく連絡し合いますが、母の価値観に合わせてコミュニケーションをとっています。昔は自分を理解してもらいたいと思ったし、お互いにわかり合おうと努力したこともあったけど、やっぱり私の価値観に合わせてもらうのは難しいとわかったから、私が親の価値観に合わせようと。愛情を込めて育ててくれたと思うから、未だに両親に褒めてほしいというのはあるし、親には感謝しています」

マリエさんは、自分の考えや意見をはっきりと口にし、どんな質問に対しても淀みなく答える。解釈が少し異なる発言をすると、「いいえ、そういう意味ではなく、こういうことです」と即座に訂正し、うやむやに流したりしない。取材は複数回、長時間にわたったのだが、「自分の考えをしっかり持って、それを言語化できる人だな」という印象を持った。

「自分のことを話すのが楽しいって、最近になってやっと思えるようになった。ずっと素直じゃなかったけど、素直に自分の心に向き合って話すのが、気持ちいいと思えるようになったんです。これから先、自分がどう変化していくかも楽しみです」

実は昨年、長い客の一人からプロポーズされたらしい。「結婚してみるのもありかも、とも思ってます」という声は、落ち着いてはいるものの、どこか弾んでいるように聞こえた。これまでと生活が大きく変わる日も、そう遠くないのかもしれない。

日本の風俗に嫌気が差しアメリカへ。パパ活で月収は平均2万ドル――ミドリさん

専門学校に進学、お金に困るように

アメリカを中心とした海外で、エスコートガールとして働くミドリさん（仮名・35歳）。特定の店に所属せず、客と直接やり取りして仕事を得るのは、前出のマリエさんと同様だ。男性客からオファーを受け、個別にサービスを行う。〝接客〟は、客に指定されたホテルで行うこともあれば、自宅や別荘に呼ばれることもある。性交を伴うサービスを提供しているが、具体的な内容や金額は、客の要望などを聞いたうえで個別に自分で判断しているという。

「個人でこの仕事をするのは、稼げるけどリスクの高い働き方。問い合わせの時点で、ちょっと変な人かなと思ったら、会いません。しっかり支払ってリピートしてくれる〝上客〟が何人かいるので、今はあまり新規の客を広げず、固定の数人を軸に客の知人

などで客の輪を広げています」

観光ビザで入国し、数週間～1カ月単位で、客のいる都市に滞在する。稼ぐ金額は、1カ月で平均約2万ドル（約290万円）。コロナ禍での渡航は控えていたが、日常が元に戻り始めた2023年は、8月の時点ですでに5回、海を越えて出稼ぎに行った。

海外に行くようになったきっかけは、日本でキャバクラに勤めていた時の友人からの誘いだった。「日本で同じ仕事をするより、格段に稼げる」「旅行がてら遊びにきて、ちょっと働いて日本に帰ったら、しばらく遊んで暮らせる」――。

30歳を過ぎ、水商売をしながら「この先どうしようか」と考えていた矢先、甘く響いた言葉だった。

九州の出身。母親譲りの華やかで目を引く顔立ちで、学生時代からよくモテた。初体験は中学2年生の時に、年上の先輩と。高校時代は、5～6人と交際した。自分から先に相手を好きになることはなく、好きと言ってくれる人の中で、「いいな」と思う人がいたら付き合った。30～40代とだいぶ年上の男性からアプローチされたこともあり、高校時代には「どうやら私は、男の人から好かれるタイプなんだ」と確信していた。モテることが楽しくて、男性を翻弄するのも楽しかった。自然と自分をもっと綺麗に見せることに興味が湧いたのと、都会への漠然とした憧れもあり、高校卒業とともに、美容系の専門学校入学のために上京した。

憧れの都会での新生活。学校生活は楽しかったが、お金に困ることが次第に増えていった。「どちらかと言えば、貧乏な家庭だった」という実家。父親は建設業、母親はスナックで働いていたが、生活は質素だった。市営住宅の2DKに3人暮らし。一人部屋はなく、ミドリさんが高校を卒業するまで、6畳の和室で家族全員が寝ていた。もらえるお小遣いも少なく、高校時代からマクドナルドなどでアルバイトをして、自分の小遣いを稼いでいた。

「上京したい」と両親に言った時、最初は「うちにそんなお金はない」と反対されたが、「生活費を自分で稼げるなら」という条件で許してくれた。学費と家賃の半額は親が負担、それ以外の生活費は自分で稼ぐことになった。居酒屋にファミレス、カフェ、コンビニ、いろんなアルバイトを掛け持ちして、必死で生活費を稼いだ。アルバイトに忙しくて、勉強する時間がほとんどなく、課題の提出が間に合わないことも続いた。授業に後れを取るごとに、学校に行くのが億劫になっていった。

両親の離婚がきっかけで退学を決意

そんな状況で、両親の離婚を急に知らされた。幼い頃から仲が良いとは言えない両親で、ミドリさんも「別々に暮らしたらいいのにと思っていた」というだけあり、離婚そのものへのショックはそんなになかったが、「これからは学費を出すのが厳しい」と言われたのは寝耳に水だった。

聞けば、母親にはすでに新しい相手がおり、その男性と新たな場所で同棲を始める予定で、「引っ越しや新生活のためのお金がかかるから、学費を出す余裕がない」という。父親は仕事にあまり行かず、朝から酒を飲んでいる日も増えているようだった。落胆したが、親には頼れないし、頼りたくもないと思った。すでに授業についていけなくなってきていたこともあり、「学校を辞めよう」と決意したのは、入学して1年が経とうとしていた頃のことだった。

さて、これからどうしよう。そう考えた時に、水商売に目が向いたのは、ミドリさんの中では自然な成り行きだった。高卒でＯＫの求人を見る限り、水商売は他の仕事より格段に稼げそうだったからだ。同世代の中では男性経験が豊富なほうだという自覚もあり、直感的に自分に向いていると思った。

「自分で言うのも何ですが、私はいわゆる男受けのするルックスなんだと思う。手っ取り早くそれで稼げるなら、とりあえずお金を稼ぐ手段としては、ありかなと」

一方、「やるからには、それなりのレベルの店で働きたい」という思いもあった。「若くてそこそこ綺麗な自分には、それなりの価値があると思っていたので。……というと、すごく傲慢に聞こえると思いますが、私にとっては生き抜くための数少ない手段で、どんな店を選ぶかはすごく大事なことだと思ったんです。だから、その辺りにいそうな子ばかりが集う店じゃなくて、何かに抜きん出た子が集まる店に行きたかった。そのほうが稼げると思ったし、自分も学べると思ったから」

ネットの口コミなどを参考に、「女の子のレベルが高い」と高評価をマークしている店に応募すると、すぐに合格をもらい、都内のキャバクラで接客をスタートした。最初は右も左もわからなかったが、見よう見まねで接客を覚えた。

店での主な仕事は、酒を作ったり、客が楽しいと感じるような会話をすること。最初のうちは、客と話が続かず気まずい空気が流れることもあったが、経験を積むうちに、会話を盛り上げたり、話を膨らませられるようになった。

「例えばゴルフの話をされても、最初は〝やったことがないので、よくわからないです〟とか言っちゃって、話が続かなくなったりしていました。そのうち〝ゴルフってどういうところが面白いんですか？〟〝練習を頑張ったら、私も○○さんのようにできるようになりますか？　今度教えてください〟とかって話を広げられるようになって。客の中には話を盛り上げてほしい人もいれば、ただ聞いてほしい人もいるし、癒しを求めてくる人もいる。働くうちに、この人はこういうタイプかな？　と見分けられるようになりました」

キャバクラのノルマがストレスに

店では、指名客を増やしたり、来店頻度を上げるための努力も求められる。「全てのお客様の心の恋人になれるように」というのが、店から女性たちに与えられている指針だった。そのため、客とメールアドレスなどを交換し、毎朝100人以上に「おはよう」メールをし、夜は「おやすみなさい」メールをするのは基本。女性たちは、キャラが際立ったほうが客受けが良く、指名客がつきやすいといった理由から、それぞれ自分の営業スタイルとしてキャラクターを設定し、仕事に活かす「キャラ営業」を取り入れていた。

例えば、客に疑似恋愛を装って接客する「色恋営業」。客に恋愛感情があるかのように演じ、時には彼氏として扱ったりする王道のスタイルだ。客の恋愛感情を利用することから、トラブルに発展しやすい面もあるが、人気が出やすいため、店では積極的に色恋営業を仕掛ける女性が多かった。また、客を友達のように扱う「友達営業」、客に強気な態度で接する「オラオラ営業」、とにかく飲みまくる「飲み営業」など、それぞれ自分のスタイルを作って接客する。

「色恋営業をやっている子が一番多かったですね。客に対して、いかにも気があるように見せかけて、お金を使わせるんです。私は、型にハマったスタイルが好きではないのと、色恋営業にはちょっと罪悪感もあって、客の雰囲気を見ながら、柔軟に接客の仕方を変えていました」

さらに、出勤ノルマ、指名ノルマ、同伴ノルマ、売り上げノルマ、イベント時に発生するノルマ（クリスマスイベントのチケットを何枚売るなど）、お酒ノルマなど、店からは毎月ノルマが次々と与えられる。もちろん、ノルマのために同伴などをこなすなかで美味しいものが食べられたり、高価なプレゼントがもらえたりすることもあった。だが、常にノルマが与えられるストレスはそれ以上に大きかった。

「私が勤めていたキャバクラでは、月に2〜3回、黒服と呼ばれる男性スタッフとキャバ嬢の間で面談が行われ、ノルマの達成状況や達成するための計画、スケジュールなどが話し合われていました。黒服はベテランもいれば、結構若い男性もいますが、キャバ嬢を管理するのも仕事のうちなので、基本的に態度が〝上から目線〟なんですよ。客にもっと上手におねだりしろとか、日頃からこまめに客とやり取りしろとか、もううるさくて。加えて、キャバ嬢の間でも縄張り意識や派閥争いみたいなものがあって、女同士のいざこざも日常茶飯事でした。次第にそんな小さな世界で足を引っ張り合っていることが馬鹿らしくなってきて、これ以上ここにいても先がないと思ったんです」

「これからも続けられる働き方がしたい」

ミドリさんはその後、「もっと稼ぎたい」という気持ちもありキャバクラを辞め、デリヘルを経て、ソープランドに移った。

「知らない人と肉体関係を持つことに対しても、そこまで抵抗感がないし、セックスはただのセックスだと割り切れるほう。むしろ細かい駆け引きみたいなことが面倒で、私にはこっちのほうが合っているかなって」

その後いくつかのソープランドを経て、合格率は10人に1人程度と言われる高級店でも働いた。ソープランドで働いた時の最高月収は160万円ほど。だが稼ぐにはとにかく、数をこなす必要がある。自分より若い女性もどんどん参入してくる状況でリピーターを増やすためには、美容のためにエステに通ったり、高い化粧品を使ったり、高級な下着を身に着けたりと、綺麗に見せるための努力も欠かせない。気づけば、30歳が目前に迫っていた。「これから年を重ねていくなかで、今の働き方は、長くは続けられない」「この先も続けられる働き方を見つけないと」と考えるようになった。

無論、性風俗以外の仕事や、他の生き方を考えたことがないわけではない。オフィスワークをしてみたいと思ったこともある。だが運良くどこかの会社に滑り込めたとしても、朝9時から夕方5時まで席に座って仕事をするイメージがどうしても湧かない。

「〝普通の仕事〟への憧れもありながら、同時につまらなそうとも感じていました。結局のところ、風俗の仕事が合っているという自覚があったし、今より稼げなくなるのも嫌だったんですよね」

久しぶりに会った高校時代の友人が、結婚して母になり、幸せそうに子どもをあやしている姿を前に、「私もいつか」と思ったこともある。しかし交際経験は豊富でも、「この人とずっと一緒にいたい」と思える相手には出会ったことがなかった。目標も目的もなく、見ず知らずの男性と淡々とセックスをして過ごす日常。自分の身体が借り物であるような感覚が続いた。ソープランドの仕事に慣れてくるにつれ、「ここじゃないどこかに、私の本当の人生があるんじゃないか」と、願いに似た感情を持つようになっていた。

先輩の紹介で、海外の客を取るように

そんな矢先、数年ぶりに会ったキャバクラ時代の先輩から誘われたのが、出稼ぎの仕事だった。

「日本で同じ仕事をするより、海外のほうが断然稼げる」「海外で働くのも気分が変わって楽しいよ」「ミドリちゃんだったら、良い客が絶対につくと思う」

先輩からの言葉は、今後について悩んでいるミドリさんの胸に、思いの外響いた。その先輩は、ミドリさんより5歳年上で、キャバクラ時代ほとんど唯一気を許せた存在だった。ぽっちゃりとふくよかな体型で、ミドリさんよりも人気と売り上げは低かったが、よくお酒を飲み、明るく親しみやすい人柄。男性スタッフから「太り過ぎ」「もっと売り上げを上げるために痩せろ」と度々言われていたが、「うるさい！」「それならお前が接客しろ！」と明るく言い返すようなところも好きだった。

久しぶりに会うことになった先輩が指定してきたのは、都内の高級ホテルの落ち着いたラウンジ。コーヒーが一杯2千円近くするところで、ゆっくりシャンパングラスを傾

ける。「随分、羽振りが良いんだな」と思った。先輩は相変わらずふくよかで、明るい雰囲気のままだったが、茶色く染めていた髪を黒くし、キャバクラ時代のギャルっぽいイメージから、清楚な和風美人という佇まいになっていた。ジルサンダーのシルクのブラウスに、セリーヌのネイビーのスカートと、ヒールの付いたパンプス。エルメスのバッグをさりげなく持つ手には、大きなダイヤモンドの指輪が光っている。柔らかい色のリップを付けて微笑む先輩は、髪や肌、爪の先にいたるまで、手を抜かずに手入れしているのがわかった。

「お金持ちの奥様という感じの余裕がある雰囲気で、金持ちの男性の愛人にでもなったのかと思いきや、海外に出稼ぎに行ってるって言うんです」

先輩が「ここだけの話ね」と口を開いたのが、出稼ぎを始めるに至った経緯。先輩も知り合いからの誘いで、アメリカでエスコートガールとして働くようになった。「巨乳で色白、ぽっちゃり体型の日本人女性を探している」ということで、知り合いから先輩に声がかかったという。初めは先輩も半信半疑で始めたというが、日本より稼げることがわかってからは、日本で働くことが馬鹿らしくなり、出稼ぎのみの収入で暮らしているらしい。

「当時、先輩には、金払いの良いお金持ちのアメリカ人客が2人いて、その2人に会うためにしょっちゅう渡米しているようでした。ラスベガスに一緒に遊びに行った写真とか、プール付きの豪邸でパーティしている様子の写真とかを見せてもらって、〝こんな世界があるのか〞と。先輩いわく、アジア人女性が好きな男性というのが結構いて、相手が裕福だとリッチに遊べてお金ももらえるって言うんです」

聞けば、生粋の日本人女性で海外の客を相手にしたエスコートガールが少なく、接客できる人を探しているという。「英語が話せなくても、相手とコミュニケーションを取ろうという姿勢が見えれば大丈夫。風俗経験がある、綺麗で品がある日本人女性を探していて、ミドリちゃんがパッと思い浮かんだ」という先輩の言葉に嘘はなさそうに見えたし、純粋に嬉しかった。

俄然興味を持ったミドリさんは、先輩の紹介で、都内に出張で訪れる海外ビジネスマンの接客からスタートした。何でも先輩の客の知人に、アジア人女性好きのリッチな男性が複数人おり、日本に出張に行く際に女性を紹介してほしいと言われているらしい。

先輩は、女性を紹介することで手数料を受け取る斡旋業に近いことも行っているようだった。「以前、日本滞在時のホテルにデリヘルを呼んだこともあるらしいんだけど、容姿も接客もお粗末だったみたいで、きちんとそれなりの子を紹介してほしいと言われている」というのが先輩談だった。

1回の稼ぎはソープランドの約4倍

最初に接客したのは、50代のアメリカ人男性だった。指定された日時に、男性が滞在している都内の高級ホテルの部屋を訪れ、接客する。ミドリさんは英語が話せなかったが、男性が日本語を少し話せることから、コミュニケーションにそこまで困ることはなかったという。

男性と一緒に過ごした時間は約3時間。うち1時間ほどは、ルームサービスで食事を取って、ワインを楽しみながら過ごした時間だった。男性から支払われた金額は、日本円で20万円強。ソープランドで稼ぐ1回のプレイ料金の、約4倍だった。

それを機に、先輩を通じて、日本で外国人客の相手をすることが増えていった。

接客経験を積むうちに、日本のサービスがいかに質が高いのかを知ると同時に、欧米に比べていかに料金が低いのかを知ることになった。

「海外のお客さんから、海外のエスコートガールは、わりと用件のみというか、さっさとやることとやって終わらせるスタイルが多いと聞きました。もちろん人にもよると思いますが、日本の場合はもっと時間をかけて客を喜ばせる。そういう意味でも、日本の風俗サービスはきめ細かくて最上級とも言われました。にもかかわらず、日本の風俗は金額があまりに安いということで驚かれます。それに日本人客は決められた金額以上に払うことはまずないけど、欧米の客は、サービスが良かったらチップとしてプラス料金をしっかり払ってくれる。プレゼントをくれたり、食事をご馳走してくれたり、一緒に過ごす時間を楽しもうとしてくれているのが伝わるのも嬉しい。ただ〝ヤれれば良い〟というのとは違って、きちんと女性として扱ってくれる気がする」

欧米の客からは、実年齢より若く見られることも幸いだった。35歳の今も、10歳ほど下に見られることが多く、「日本人は若く見られやすくて得」だという。

「先輩も言っていましたが、日本人は肌を褒められることも多い。相手と肌を合わせた時に、あまりに滑らかで驚かれるんです。肌がそこまで売りになるんだと知ってからは、ボディクリームを丹念に塗り込むのはもちろん、高価な美容液を全身にたっぷり使ったりと、長所を伸ばす努力をするようになりました」

英語を話せるようになるために、オンライン英会話などで勉強もした。勉強は嫌いだったが、必要に迫られて久しぶりにやる勉強は、意外と楽しかった。「あなたともっと話せるようになるために、頑張って英語を学んでいる」と客に言うと、一様に喜ばれ、「君の可能性がもっと広がるよ」という客の言葉を聞いて、より勉強に励んだ。そうして徐々に客がつくようになり、「旅費を出すから遊びにおいで」「自分の知人も紹介するから」という客からの言葉に応じて、現地に飛ぶように。日本で海外からの客を相手にし始めて1年が経とうとしていた頃で、リピーターの客もできていた。

海外でパパ活する日本人も増えている

渡航費は客が負担してくれることもあれば、自分で払うこともある。滞在先はホテルや客が所有している別荘など。金額はその時々で変動が大きく、1週間で30万円の時もあれば、100万円の時もある。日本のソープランドで働いていた時より高い単価を最低ラインに決めているものの、「日本を下回る額が提示されることは、まずない」。基本的には渡航前に、ある程度の仕事になる目処が立ってから動くが、稀に渡航後にキャンセルになることもある。そうした場合、現地のパパ活サイトなどを通じ、新たな客を取ることもあるという。

「アメリカでパパ活している日本人女性も増えてきていると聞きます。食事だけという場合もあり、よりコミュニケーションを求められる分、英語が話せるのは必須。白人とのマッチングより、アジア人とのマッチングのほうが多いですね」

パパ活とは、女性がデートの見返りにお金を援助してくれる男性を探すこと。利用者は、お金が目的の若い女性と、疑似恋愛を求める中年男性だ。日本でも、かつては「援助交際」という言葉が使われていたが、現在はパパ活が同義で使われている。2023年には、男性から大金を得るための手口をまとめた〝パパ活マニュアル〟を販売した25歳の女性が逮捕される事件も起こった。

アメリカでも同様の動きがあり、有名サイト「Seeking Arrangement」「Sugar

Daddy Meet」など、さまざまなパパ活用の出会い系サイトが存在する。現在はオンラインで個人同士やり取りしてマッチングする手段が圧倒的に主流で、かつてのような交際クラブなどを通じた出会いは減っているらしい。アメリカのパパ活では、パトロン的存在となるパパ＝シュガーダディ、若い女性＝シュガーベイビーと呼ばれ、食事などのデートを楽しむのが基本だが、合意のもとで肉体関係へと発展することもある。ミドリさんいわく、「私の経験から言えば、肉体関係ありきがほとんどだと思う」とのこと。

「平均的な相場は、食事のみで100〜300ドル（約1万5千〜4万4千円）、肉体関係ありでプラス200〜500ドル（約2万9千〜7万3千円）あたり。食事以外に、買い物や旅行、エステ代、整形費用などを出してくれるパパもいて、女性のスペックが高ければ高いほど金額が上がると言われています」

条件の良いダディと出会うべく、女性はプロのカメラマンに自分を魅力的に美しく撮影してもらい、パパ活用のホームページやSNSにアップするなどし、出会いのチャンスを待つ。なお、パパ活より数は少ないものの、パトロン的存在となる女性＝シュガーママ、若い男性＝シュガーボーイという〝ママ活〟の構図も存在するという。

「店に所属するのではなく、個人同士で出会って、それぞれ条件が合えば関係が成立するという、シンプルでわかりやすい仕組みだと思う。個人同士のやり取りに他の人が介在しないほうが話が早いし、マージンをべらぼうに取られることもないし、私には合ってるかな」

パパ活サイトを通じ、現地在住の日本人の駐在員と肉体関係を持ったこともある。

「金髪の白人より、日本人が落ち着くからいいって言ってました」

リスクより個人で動くメリットが上

現地での接客で、身の危険を感じるような怖い思いをしたことはないが、突然、複数人でプレイすることになったり、その中に同性が混じったりと、「嘘でしょ!?　と思うようなシチュエーションになったことはあります」と苦笑する。

「アメリカは、日本以上に売春の取り締まりが厳しい一方、特定のパートナーがいても、他の相手とも肉体関係を持つことを互いに容認するオープンリレーションシップが広がっていて、自由な性的関係を楽しんでいる人たちが多くいます。また、異性のパートナーがいても、カジュアルに同性との肉体関係を楽しむ人も。私はこれまで基本的に、異性の個人客を相手にしてきたので、最初のうちはかなり戸惑いました。でも、私は感情抜きで割り切って接客できるほうなので、〝これはスポーツだ〟って言い聞かせて。慣れたら大したことではないかな。さすがに複数人を同時に相手するのは疲れるから、できれば避けたいけど」

無論、個人で動くからには、何かがあっても現場で助けてくれる人はいない。常にリスクとは隣り合わせだが、怖さは感じないのだろうか。

「うーん、所属するメリットより、個人で動くメリットのほうが上回るかな。日本の風俗店で働いていた時も、そこまで店に守ってもらった感覚はないし、売れれば売れるほどに所属するメリットをあまり感じなかった。ソープランドも店の従業員ではなく、個人事業主として場所を借りているというのが建て前なので、そんなに大きくは変わらない感じがする。オンラインで個人同士がいくらでもつながれる今、あえてどこかに所属するメリットがあるのは、あまり稼げない子じゃないですか？」

「風俗嬢は病んでいる子が多い」

ミドリさんが今、「日本の風俗には、もう戻らない」ときっぱり決めている理由には、収入面もあるが、古くから続く枠組みの中で働く窮屈さもあるという。

「日本の風俗業界は、男を喜ばせるために男が作った、男のためのシステムという感じ。私が日本で働いてきた店は、すべてオーナーは男性で、決定権や主導権は男性が握っていました。サービスをするのは女性なんだけれど、ただの〝捨て駒〟という感じ。若ければ若いほど良くて、稼げなくなってきたら放り出される。女性は使い捨ての道具という感じがして嫌でした」

海外でも、似たようなことを全く感じないというわけではないが、日本ほどは強く感じないという。

「海外だと女性の風俗店オーナーもたくさんいるし、個人で客を取って稼いでいる女性も多いから、日本に比べると〝システムの中で働かされている〟という感覚があまりないのかもしれません。日本での数をこなす働き方より効率良く稼ぐことができるし、どこまで何をやるか、やらないか、内容に応じて金額をどうするか、客を選ぶことも含めて自分の裁量で決められる働き方は、日本の水商売や風俗の世界にはなかった」

加えて、海外で出稼ぎをし始めてから、〝その他大勢に見られたくない〟という意識も一段と強まった。キャバクラ時代から、「私は他の子より稼げる」という意識が高かったというミドリさん。その後、風俗業界で働き始めてからも、「私は他の子と違う」という思いが、どこか自分の中で支えになっていたという。

その理由として、ミドリさんは「こんなこと言うと最低だって思われるだろうけど」と前置きしたうえで、「風俗嬢は病んでる子が多いと思う」と語り始めた。ミドリさんも業界で働き始めてから、風俗嬢として働く女性の中に、何らかの精神的な問題を抱えている人が少なからずいることを知ったという。

「〝甘えたい〟〝構ってほしい〟といった願望が強く、無意識のうちに他人に依存してしまう子が多いんですよ。客に依存する子もいれば、一緒に働く仲間に依存する子もいる。承認欲求が強い子も多くて、一緒にいてしんどい人が結構多かったんです。それとなく聞くと、やっぱり小さい時に、両親からまともに愛情を受けて育ってなかったりするんですよね。私も今、両親とはほとんど縁が切れているけれど、一応それなりに育ててもらったという感覚はあるから、保っていられるのかな」

いわば、「〝病んでるうちの一人〟には絶対見られたくなかった」というミドリさんは、「この子たちと私は、全然違うんだ」「私はもっと違う働き方ができるんだって、自分で自分に言い聞かせてました」。そんななかで出会ったのが、海外出稼ぎという働き方でもあったという。

入国時、全ての荷物を開けられた

出稼ぎをし始めて4年が経つ。コロナ禍で渡航が不自由な時期もあったが、「コロナが明けてから、〝遊びたい欲〟が高まっているのか、以前よりもっと客が増えています」。先のことはわからないが、当面は今の働き方を続けるつもりだ。

「今の仕事は、続けられて40歳がギリギリのラインかな。それまでに良い相手が見つかって、アメリカで結婚とかできたら一番いいんですが。40代になってどうするかは、ここ数年で真剣に考えないとですね」

目下の懸念は、これまでのように渡航先に無事に入国できるかどうか。特にアメリカへの入国時、ここ数年で疑いの目を向けられることが増えてきたと感じている。日本人女性の一人旅と言うと、以前より明らかに、違法なことをするのではないかという視点でいろんなことを質問されるようになった。下着を入れたポーチに至るまで、全ての荷物を開けて細かく調べられ、別室で入国の理由を厳しく詰問されたこともあった。

「なぜ一人なのか、どこで何をする予定なのか、滞在先はどこか、今すぐに知り合いと連絡が取れるかなど、事細かに聞かれたこともありました。現地に住む友人宅を訪ねる予定だと説明しても、嘘をついているのではないかという視線を向けられる。もちろん、それなりに対策はしていますが、運が悪いと捕まっちゃうかも。それが一番怖いですね」

「〝私は他の子と違う〟と、自分に言い聞かせてきた」――。取材中に何度もミドリさんの口から出た言葉だ。実際に苦しくてしんどい時、誰かに助けてほしい時、幾度となく自分自身に言い聞かせ、自身を鼓舞してきた言葉なのだろう。海外出稼ぎが、まだ

〝他の子〟に浸透している働き方ではない、一部での動きということも、「他の子と違う」と言い聞かせてきたミドリさんには、ことのほか響いた手段だったのかもしれない。

行く当てもなく渡米。フリーターから、年収12万ドルに――アイコさん

幼少期からあったアメリカへの憧れ

アメリカ・サンディエゴ在住のアイコさん（仮名・36歳）。現地にいる知人からの誘いがきっかけで、アメリカに飛んで性風俗の仕事をした後、現在は個人ライフコーチの起業家として活動している。

東北地方の出身。高校卒業とともに上京し、フリーターを経て、25歳でキャバクラやスナックでの水商売をスタートした。働いて稼いだらしばらく遊んで暮らし、お金が底をつきそうになったらまた働く。これと言ってやりたいことが見つからず、「あの頃は、どこか刹那的に生きていた」と振り返る。

そんな生活でも、心のどこかに漠然とあったのがアメリカに対する憧れだ。ハリウッド映画などで描かれる、アメリカの〝夜の世界〟にも強く興味を惹かれた。きらびやか

な都会の夜の街に、ドレスアップ、お酒、カジノ、大人の男女の駆け引き、セックス……。いつか自分も、こんな経験をしてみたいと思った。

そうした影響もあり、学生の頃から「アメリカの大学に行ってみたい」という夢を持っていたが、どう動いたら実現できるのかわからなかった。アメリカに行きたいという夢に向かって勉強を頑張っていたわけでもなく、英語も話せない。家が裕福なわけでもない。だが「いつか」という思いを、遠くて淡い夢として、心のどこかで抱えたまま、東京で水商売をしていた。

突如アメリカが近いものとなったのは、都内のクラブに遊びに行った時に日本に住むアメリカ人男性と偶然出会って意気投合したことがきっかけだ。出会いから数カ月の交際を経て、結婚。図らずも、アメリカの永住権を手にすることとなった。

離婚、当てもなく渡米

結果的に、その男性とは価値観の相違などから数年で離婚することになったが、アメリカ人との結婚によって手にした永住権は、一度取得すると離婚しても取り消しにはならない。そこで「せっかく永住権もあるし、アメリカのほうが稼げそうだし、本当にアメリカに行ってみようかな」という思いが、離婚後にむくむくと湧き始めた。当時、勤務していたスナックの同僚がアメリカで風俗の仕事をした経験があり、「すごく稼げるよ」と話していたことも後押しになった。

「よし、私もアメリカに行ってみよう」

英語も話せず、働く先の当てもなかったが、思い切って渡米を決めた。

アメリカではネバダ州を除く全土で、売春行為が違法とされている。ゆえに性風俗営業を行う店も違法で、摘発の対象となることから、表向きには別の業態を名乗るなどして隠れて営業している。アイコさんは渡米後、現地の知人から風俗の仕事を紹介されたというが、水商売の経験があったからか、風俗で働くことに対して「そこまで高いハードルを感じなかった」という。もちろん「稼ぎたい」という気持ちが第一ではあったが、アメリカ映画などで描かれる〝夜の世界〟に対する憧れから、「自分も一歩踏み込んで経験してみたい」という好奇心も、性風俗の世界への背中を押した。

中国人女性がオーナーのマッサージ店

その後、アイコさんが5年間勤務した店は、表向きには〝マッサージ店〟を謳う、中国人女性がオーナーの風俗店だった。現地の風俗で働く日本人女性は少なく、オーナーからも歓迎された。

店にいる女性は、中国人、韓国人、ベトナム人が大半を占めていた。表向きにはマッサージ店を名乗っているため、勤務するにはマッサージの技術を学ぶ学校に通って免許を取る必要があった。そこで最初の2年は自費で通学しながら、主に週末に店で働いた。マッサージは学んで損はないと思ったし、学校に通って授業を受けることで「英語を習得できるかも」という期待もあり、特に疑問を持つこともなく学校に通ったという。

アイコさんの働き方は、こんな具合だ。店に所属はするが、サービスの内容や金額は個人の裁量で決める。アイコさんが勤務した店は、客が場所代として店に1時間60ドル（約9千円）を支払い、接客する女性にはサービス代として、客からチップが支払われる。そのチップが、アイコさんら店で働く女性の収入となる。店からは「なるべく頑張ってリピーターを作ってね」とは言われるものの、特にノルマなどを課せられるわけではない。

客は現地の男性がほとんどだが、なかには飛び込みでやってくる観光客もいた。マッサージ店だと思ってやってくる客には、「こんなサービスもできます」と個別に交渉することになる。最初はほとんど英語が話せなかったアイコさんだが、客との交渉によって自分の収入が大きく変わる環境に身を置くと、めきめきと英語力を付けていった。

「人って必要に駆られると、やらざるを得ないというのは本当ですね。とにかく早く英語を話せるようになって、コミュニケーション力を上げたいと必死でした」

警察のガサ入れと隣り合わせ

勤務時に稼いだ平均金額は、1日約千ドル(約14万5千円)。週4日勤務が平均だったというアイコさんは、一人につき平均200～500ドルを稼ぎ、月1万ドル(約145万円)前後、年間で12万ドル(約1740万円)が平均的な収入だった。

「収入から家賃や生活費などを除いて手元に残るお金も、日本よりアメリカのほうがずっと多かった。勤務日数を増やしたらもっと稼げたと思いますが、違法営業を行う店で働くいわば〝綱渡り状態〟が、思った以上に精神的にきつくて、私は週4勤務が精一杯でした」

違法営業を行う店で働く〝綱渡り状態〟――。それは、常に警察のガサ入れなどに気を配りながら接客せねばならない状態だ。ガサ入れ時には、オーナーが部屋の外から、あらかじめ共有されている合図を叫ぶが、警察が部屋に入った時にあたかも「マッサージのみを行っている店」のように、何事もなかった状態にしておかなければならない。服を着るのが間に合わなかったりすると、間一髪の差で現行犯逮捕されることもありうる。警察が突然、抜き打ちでチェックに訪れることもしばしばで、常に外の様子に神経を研ぎ澄ませながらの接客には、想像以上に疲労感が募った。近隣の店が摘発されたなどと聞けば、より緊張感が高まった。

だが、仕事そのものは嫌いではなかった。

「私には結構、合っていたんだと思います」

自分なりに試行錯誤しながら、接客やサービスを頑張ると、成果が目に見えて返ってくる。仕事を広げるために、豊胸手術もしたし、トーク力も磨いた。客に喜んでもらうために、サービス面でのテクニックもいろいろと学んだ。

「そうやって自分で努力したら、お金という形で目に見えて返ってくるのが楽しかった。だから仕事にやりがいも感じていました」

店で働く女性は、ライバル同士ではあるものの、警察のガサ入れからみんなで身を守るなど、いざという時の連帯感も強く、ファミリーという感じすらあった。オフの時間にはみんなで集まって食事したり遊んだり、徐々に気を許せる存在になっていった。彼女たちと過ごす時間は、純粋に楽しかった。

「中国人、韓国人、ベトナム人ともに、みんな本当にタフで、少々のことで動じないし、へこたれない。〝私は稼ぐためにここにいる〟という目的意識がはっきりしていて、ハングリー精神が強く、堂々としているんです。日本で水商売や風俗の仕事をしている日本人女性とは、何か違ったものを感じました」

徹底していたのが、現地の日本人コミュニティとは距離を置くこと。「何の仕事をしているの？」という話になった時に答えられないし、うっかり風俗店で働いているのを知られたくもない。日本人コミュニティは、あっという間に噂が広がると知人らから聞き、知られると話がどう広がるかわからないというリスクも感じていたためだ。

「よくある話ですが、日本人って、海外に行っても日本人同士でつるみがちで、日本人コミュニティの連帯感がすごく強いんです。私はこの仕事をしている以上、絶対に日本人に知られたくなかったから、街ですれ違っても顔を伏せたり、道を変えたり、存在そのものをなるべく知られないように徹底していました」

「あの時の選択があるから今がある」

これといった目的がないままに始めた風俗の仕事だったが、こうして働きながら過ごすうちに、自然と心理学やカウンセリング分野への興味が芽生えたのは、前出のマリエさんと同様だ。仕事の中で、「人間のいろんな面を、面白いぐらい目の当たりにして、人の心理というものに強い興味が湧いた」というのが理由だという。

接客を求めて店にやってきて、アイコさんに「僕のワイフなんだ」と妻の写真を見せて、妻の自慢話を始める男性もいた。性的なサービスを受けながら、妻や家族についいて楽しそうに話すその姿に戸惑いつつも、「一体どういう心理なんだろう」と興味を惹かれたという。

「そういう男の人って結構いて、本当に謎だし、よくわからないなと思いながらも面白くて。動物的な面白さっていうのかな。普段はまず目にすることがない姿や、本能的なものを目の当たりにする仕事なので、人間って面白いなって思うようになりました」

懇意にしていた店の女性に手紙を渡した後に、自殺したことがわかった客もいた。どうやら店で過ごす時間が唯一の心の拠り所だったようで、手紙には女性に対する感謝の気持ちと、自分にとって店で女性と過ごす時間がどれだけ大切なものだったのかが、切々と綴られていたという。

「この仕事って、肉体的な快楽以上に、実は精神的な支えになっている部分も大きいのかもしれないと思うようになりました。だからもっと、精神的なアプローチの仕方やカウンセリング、人の心理について学んでみたいと思い始めたんです」

こうした気持ちが芽生えてから、いつしか心理学を学ぶために「大学に行きたい」という明確な目標ができ、そのために働くようになった。そして目標が芽生えたことで、

「どこかで今の生活を卒業して、次のステージに行かないといけない」と考えるようになった。

「目標を持ってやる分には、嫌な仕事ではなかったし、やりがいもありました。でも日本人コミュニティから隠れていたように、〝人に言えない仕事をしている〟という後ろめたさもどこかにあったし、もっと堂々と自分の人生を生きたいという思いもあったんだと思います」

かくして「これだけ貯まったら、この世界から足を洗おう」とゴールを設定し、無事に目標をクリアしたところで店を辞め、アメリカの短大に入学。卒業後、現在は個人ライフコーチの起業家として、アメリカで活動している。

「振り返ると、あの時の選択があるから今がある。性風俗の仕事のおかげで大学に行けたし、後悔は一切ありません」

もし、過去の自分と同じような日本人女性が、海外出稼ぎについて相談してきたらどうするかと問うと、「向き不向きもあるけれど、目的を持って働く分には、私はそれなりに良い仕事だと思う」と口にした。

「私の場合は、永住権を持ってアメリカに飛んだので、たまたまビザ問題はクリアした状態での入国でしたが、危ない橋を渡ってでも、海外で〝もっと稼ぎたい〟と考える女性の気持ちはよくわかります。同じ仕事で海外のほうが断然稼げるとなると、実際に行くかどうかは別として、そう考えるのが普通じゃないですか？」

やりたいことが特に見つからず、稼いでは遊んでの繰り返しだった日本での日々。海外に移ったから目的意識が持てたとは思わないが、アメリカでの性風俗の仕事によって、日本とは桁違いのまとまった収入を得ることができたのは事実だ。結果的に、昔から漠然と抱いていた「アメリカの大学に行きたい」という夢を叶えることができ、今は日本にいる頃は想像すらしなかった起業家という道を歩んでいる。

実はアイコさんに、性風俗の仕事を辞めてから現在に至るまでの「その後」について、もう少し話を聞かせてほしいと依頼したのだが、「自分で事業を始めて無我夢中な今、万が一でも、個人を特定される可能性につながるリスクは避けたいので、話せない」ということだった。アイコさんは、過去に性風俗の仕事をしていたことは、当時を知る数人を除いて、親を含めて誰にも話していない。だが、当時についてのインタビューは「もしかすると、私の体験が、誰かの役に立てることがあるかもしれないから」と受けてくれた。

過去を隠してはいるが、なかったことにしているわけではない。「あの時の選択があるから、今がある」ときっぱり認め、今は新たな人生を歩んでいる。

「たぶん私、本当は孤独なんだと思う」。渡豪し3カ月で300万円を稼ぐ元派遣社員――ヨウコさん

優等生でいることに嫌気が差し、わざと高校に落ちた

「不安がないわけじゃないけど、私は出稼ぎで救われたと思っています」

小麦色の健康的な肌に、愛嬌のある可愛らしい顔立ち。髪はメッシュの入ったストレートのセミロングで、タンクトップにジーパン、足元はビーチサンダル。カジュアルな装いに、シャネルのショルダーバッグをさりげなく掛けている。ラメの入ったネイルに、長いまつ毛。「これ、まつ毛エクステですよ」とにっこり笑うヨウコさん（仮名・34歳）は、一見、どこにでもいそうな親しみやすい雰囲気の女性だ。

関西地方出身。小・中学校時代は、勉強も嫌いではなく、わりと優等生タイプだった。母親が特に教育熱心で、親に言われるがままに、塾や習い事にも通った。良い成績をとると親が喜ぶのが嬉しかったが、中学生になると徐々に、言いようのない重たさを感じ

るようになった。

「よくある話だけど、中学時代、ヤンキー風の男子にすごく憧れてた。自分が好きなように生きてる感じがして羨ましかったのもあるかも。思春期頃から、自分もああいう人たち、ちょっと悪い男の子と付き合いたいと思っていました」

高校受験では、滑り止めで受けていた偏差値の低い高校に行きたくて、志望校のテストでわざと間違った回答を書いた。進学校に進んだら、もっと自分の人生がつまらなくなるような気がしたし、滑り止めの学校のほうが制服が可愛く、派手な生徒が多くて楽しそうだったから。「合格確実」とされていた志望校に落ちたことへの母親の落胆ぶりは、相当なものだった。

「塾にどれだけお金を払ってきたと思うん?」「こんな学校に行くしかないなんて、もうあんたの人生、お先真っ暗やな」「いつからそんなに馬鹿になったん?」

母親から否定的な言葉を浴びせられるにつれ、「〝いい子〟でいるのは、もうやめよう」「これまでとは違う自分になろう」と気持ちを固くしたという。

かくして、それまで溜まった鬱憤を爆発させるかのように、高校では見違えるほど派手になった。いわば、高校デビューだった。黒かった髪を明るい茶色に染め、バッチリメイクに、パンツが見えるぐらいに短いスカートを穿き、足元はルーズソックス。同じ学校にたくさんいたヤンキー風の男子を好きになり、1年生の終わり頃から付き合うようになった。彼氏と過ごす時間が楽しくて、学校をサボって遊びに行くことも増えた。ほとんど勉強をした記憶はないが、テスト前の付け焼き刃で、なんとかクリアしていた。

この頃、両親とはほとんど口をきかなかった。初めて髪を染めて帰った日、母親は「あんた、もうどうしようもないわ」「手の施しようがない馬鹿になったんやな」「もう顔も見たくないわ」と泣いていた。反抗期の不安定な時期だったのだろう。その頃は、親が悲しむ姿でさえ憎かった。

最初に付き合った男子とは半年ほどで別れたが、それから3人と付き合った。タバコも吸ったし、お酒も飲んだ。卒業が近づいた頃に付き合った男子は、怒ったら暴力を振るうタイプで、付き合い始めてすぐ、別れを考えるようになった。「この人が住む場所から離れないと危険だ」という焦りと、「親から離れて暮らしたい」という思いから、卒業後は上京することに決めた。大学に行ってまで学びたいことが何もなかったのと、親に学費を頼るのが嫌という気持ちも強く、その後の進学は全く考えられなかった。将来に対する不安はあったが、高卒で働ける仕事も東京に行けばたくさんある気がして、そこまで重く考えなかった。

「同級生のお姉ちゃんも、高卒で上京して、派遣社員として都内のオフィスで働いていると聞いたのもあって、〝えっ、めっちゃいいやんそれ、楽しそう〟ってなりました。何より、一度は東京で暮らしてみたいという気持ちも後押しになりました」

給料日前のご飯はキャベツだけ

こうして、高校卒業後に上京。母親とは相変わらずほとんど口をきかないままだったが、父親が家を借りる時の保証人になってくれた。東京では派遣会社に登録し、派遣会社が運営するスキルアップ講座などにも参加。それから販売職や事務職など、さまざまな職場で働いた。

最初のうちは、新天地での暮らしが楽しかった。自分で働いて給料を得て、多くはないが、そのお金を全部自分で使える。ただ、手取り20万円弱からのスタートで、家賃は

7万円。光熱費や通信費などの固定費を差し引くと、生活費は10万円前後となる。仕事用の服や靴、美容、交際費などにもお金を使いたいとなると、必然的に家での食費を切り詰めるしかなかった。

「給料日前のご飯はキャベツだけとか、全然普通でした。それでも目に見える物には、結構お金を使っていたかな。貯金する余裕も全くないし、お金の使い方があんまりわかってなかった」

20代前半までは、同じ会社で仕事する同世代の正社員との経済的な差もそこまで感じることなく、「こんなものだろう」という感じで過ごしていた。だが20代も半ばになると、「同じ仕事をしているはずなのに、同世代ともらっている額が結構違うらしい」というモヤモヤが募るようになった。自分より後から入って、まだそんなに仕事ができないはずの女の子が、正社員というだけで自分より高い収入を得ているという現実。ボーナスの時期になると、「自分へのご褒美に買った」と新たなアクセサリーやバッグなどを見せ合う女性社員の会話や、奮発して有名なレストランに食事に行こうと計画している同世代の会話などが聞こえてきた。「ご馳走するから、ヨウコさんも行こうよ」と誘われたこともある。良かれと思っての誘いだったのだろうが、プライドがひどく傷ついた。やっている仕事内容は社員と派遣社員でそこまで変わらないはずなのだが、派遣社員というだけでボーナスも出ず、どれだけ頑張っても月収25万円を超えるのは難しかった。

無論、「自分のライフスタイルに合わせて働けるから」「必要な分だけ稼げたらいいから」など、前向きな理由で、あえて派遣社員を選ぶ人もいる。だが、よく考えることなしに「とりあえず」と派遣社員になったヨウコさんは、次第に不満が抑えきれなくなっていった。都会での生活に慣れるにつれ、欲しいものや行きたい場所もそれなりに増え、「今の収入では足りない」と切実に思うようになっていた。

カードローンで気づけば借金150万円

ある日、同じ職場の正社員で、ちょっといいなと思っている男性から食事に誘われた。スーツ姿の会社員とレストランに食事に行くということ自体が初めてだった。「完璧に綺麗にしていきたい」「素敵に見られたい」と思ったヨウコさんは、背伸びして高価な服を購入。それに合わせるブランドのバッグがどうしても欲しくて、カードローンで買った。

それを皮切りに、「欲しいものができたらカードローンで買う」というスパイラルに陥ってしまう。化粧品や洋服、エステ、靴。塵も積もれば山となるとはこのことで、気づけば借金が150万円になっていた。毎月1万円ずつ返済してはいたが、利息は膨らむばかりだ。

このままではヤバい――。そんな焦りを抱えていたある日、目に留まったのが、風俗店の求人広告だった。「楽に稼げる」「隙間時間に、がっつり稼ぎたいあなたに最適」などの甘い宣伝文句。一口に風俗といえど、その種類はさまざまで、違いもよくわからない。そこで、「風俗の中ではソフトなサービス内容」「業界未経験からのスタートに向いている」とあったイメージクラブ（イメクラ）で、派遣社員と並行して働くことに決めた。

イメクラは、男性の願望や妄想を「イメージプレイ」として再現し、叶えることをサービスとして提供する店だ。例えば「電車内で痴漢をしたい」「アニメキャラとイチャイチャしたい」「女教師に攻められたい」など、シチュエーションを設定し、女性はそれに合わせてコスプレを着用。いわば、〝ごっこ遊び〟のような風俗サービスである。

店に所属する女性は、10代～20代半ばと若い女性が多かった。電車、保健室、教室などを模したプレイルームで、女子高生や女教師、アニメや漫画のキャラクター、メイド、OL、女医や看護師、CAなどになりきって接客する。コンセプトに沿ったサービスが基本となるため、接客の流れや大体の会話が決まってはいるが、事前に「呼ばれ方」「言ってほしい言葉」「希望する反応」など、客にオーダーを記入してもらったうえで接客に入る。初日から、「こんな異様な世界があるんだ」と圧倒された。

「だって制服とかスクール水着とかを着て女子高生を演じたり、電車内で痴漢されたり、上司からセクハラされるOLとかの設定が売り物なんですよ。その設定に、いい歳のおっさんが興奮してたり、逆にイタズラしてほしいって懇願してきたり。客は全体的にオタクっぽい人が多くて、こういう設定にお金を払って性欲を処理しに来るって、ちょっと病んでるなと思いました」

一方、自分の裁量に応じて働きやすい環境は魅力だった。歩合制でノルマはなく、完全自由出勤。1日2～3時間から働くことができ、それで日給3万円ほどがもらえる。時給1500円程度の派遣社員の仕事と比べたら、大きな差があった。最初こそ多少の抵抗感があったものの、割り切って仕事しようと決めて向き合うと、手軽に稼げる仕事だと前向きに捉えられるようになった。何より、隙間時間に働くことで、まとまった額を手にすることができる。次第に、派遣社員として働くのが馬鹿らしく思えるようになった。

「最初は本当に気持ち悪いって思ったけど、それだけ稼げるならって感じで2年ぐらい続けました。演技しなくちゃいけないのは大変だけど、逆に言えば設定さえ演じていれば良いから、ある意味楽な部分もありました。仕事に慣れるほどに、派遣社員をしているのが馬鹿らしくなって、もっと稼げる風俗に移って、派遣を辞めようと思ったんです」

自分が〝物〟になった感覚

次に移った先は、デリヘル。デリヘルとは、デリバリーヘルスの略で、1999年の風営法改正で無店舗型が認められてから、現在に至るまで、性風俗の中心的な存在となっている。無店舗型なので、極端な話、女性が待機する場所と電話さえ用意し、届けを出して受理されれば、誰でも風俗店が開設できる。こうした手軽さもあって、無店舗型の店舗数は増え続けている現状がある。

ヨウコさんが所属する店では60分コースと90分コースがあり、ホテルや自宅などに派遣されてサービスを行う。イメクラでの経験もあり、そこまで大きな抵抗を感じることなく、仕事に慣れていった。

「胸を張れる仕事じゃないことはわかってるけど、効率的に働けるし、意外と無理がない働き方。知り合いがあまりいない東京で、いろんな人と会って話せるのも楽しい。派遣をやってる時は、〝使える子〟であることが一番大事だと思っていたので、頭がいい子、仕事ができる子を演じないといけないと思ってましたが、風俗の仕事はもっとみんな素でやってるというか、ノリがカジュアル。同世代の女の子も多くて、ライバル同士ではあるんだけれど、待機所で待っているうちに仲良くなったり、仕事が終わったあとに客の悪口を言いながら朝マックとか吉野家を食べたり、どこか部活みたいなノリで働いてました」

風俗業界で最も店舗数が多いとされるデリヘルは、ライバル店同士で熾烈な競争が繰り広げられ、細分化されたサービスが乱立している。例えば、人妻、熟女、超熟女、痴女、デブ、地雷（外見に難のある女性）などの〝カテゴリ〟の数々。さらにロリータ、メイド、学園、コスプレなど、先述のイメクラ的な設定要素が付加されたデリヘルもある。ヨウコさんも接客のなかで、あらゆる客の好みや性癖に対応したサービスを提供してきた。だが次第に、毎回客の好みに自分を合わせていくのが辛いと感じるようになってきた。

「なんて言うのかな、自分が人形みたいな〝物〟という感覚になっていくんですよ。自分自身には何の感情もなくて、ただ目の前にいる人の好みに合わせて、カメレオンのように変化していく。風俗の仕事は、性欲の処理でもあるから、処理できるようにするのが求められるんだけど、そういう〝設定〟とかに自分を合わせていくのが辛くなってきた。男性のオタク的な趣味に、無理やり自分を合わせていくのが苦痛というか、無理になってきて……」

同時に、若さ重視の日本の風俗店で働くことにも、限界を感じるようになってきた。

この時、27歳。40代、50代の先輩が、「年齢とともに稼げなくなる」と嘆く姿も見てきたし、年齢が上がるにつれ仕事が減ることを見据え、業界から足を洗って別の仕事に就く同世代もいた。「今動かないと、普通の仕事には就けなくなるかもよ」という同世代の言葉が、重く胸にのしかかった。

一度は足を洗い介護職に

高卒ＯＫの求人を再び見ていた時、圧倒的に数が多かったのが介護職だった。高卒・無資格で業界未経験でもＯＫという求人も多い。「介護職はキツい」という話も聞いたことがあったため、ためらいもあったが、「やってみてダメなら、また考えたらいい」と思い、自宅から近い介護施設の介護助手に応募。月給17万円からスタートと、派遣社員の時より給料が下がるが、「介護業界が自分に合うと思えば、どんどんステップアップして、収入を上げることもできる」という施設からの言葉を聞けば、派遣社員より未来がある仕事かもしれないと思った。風俗の世界から足を洗いたい気持ちもあり、働くことに決めた。

だが、介護助手の仕事は半年と持たなかった。シーツ交換、清掃、洗濯、食事の配膳、食事介助、散歩などが主な仕事内容。資格がないため、直接身体に触れる身体介護はなかったが、「私的には風俗より断然キツかった」。いわく、時間的な拘束が長く、仕事量が多いうえに、もらえる給料が少ない。「役に立ちたい」という大義なども特に持たずに飛び込んだ身としては、「とにかく耐える仕事でしかなかった」という。

「人って、そんなに簡単に生活のレベルを落とすことができないんだなというのがよくわかりました。風俗の仕事で結構稼いでいたのもあって、服や美容、食事など、あまり我慢することなくお金を使えたのですが、介護助手でもらえる給料は、かなり生活を切り詰めないと、とてもやっていけない。わかっていたはずのことですが、実際にその現実に身を置いて初めて、私には無理だと悟りました」

元同僚からの誘いで出稼ぎを決めた

派遣社員に戻るか、風俗の仕事に戻るか——。そのせめぎ合いに、こんなにも早く戻るとは思わなかった。本当なら、そろそろ結婚でもして落ち着きたいところだが、結婚したいと思えるような男性になかなか巡り合わない。このまま風俗の世界にいたら、出会いや結婚が遠のくだろうという確信もあったが、派遣社員に戻っても、また同じことの繰り返しという気もした。知人から海外出稼ぎについて話を聞く機会があったのは、そんな矢先のことだった。

それは、風俗店で働いていた時の同僚で友人の、2歳年上の女性からの誘いだった。1～2年に一度連絡を取り合って会うという付かず離れずの仲だが、同じ関西出身ということもあり、会えば関西弁でいろんな話ができる、気を許せる間柄だった。聞けば友人は、オーストラリアに出稼ぎに行って帰ってきたばかりで、また3カ月後に出稼ぎに行く予定だという。週3日勤務で、日本円で月80万円ほど稼げたと話し、「うちらと同世代で、月200万～300万円稼いでいる日本人の女の子もいるらしい」という。

「店のママも良い人で、泊まる場所も用意してくれるし、安心できるよ。日本人は需要が高いから、働いてくれる子を募集してるんやって。一緒にオーストラリアで稼いで、観光したり買い物したり、楽しもうよ！」

「えっ、めっちゃいいやん、それ！　楽しそう！」

こんなノリで、3カ月後、友人とともにオーストラリアに飛ぶことが決まった。29歳の時のことだった。

マッサージ店で週6日勤務

オーストラリアでは、大部分の州で売買春が合法化されている。合法化以降、性産業は多様化し、オーストラリアに移り住むセックスワーカーも激増したと言われる。もちろん、働くには就労ビザなどが必要になるが、ヨウコさんと友人は観光ビザで入国。観光ビザでの就労は認められていないため、不法就労ということになる。

友人と一緒に飛行機でオーストラリアに飛び、入国。働き始めたのは、中国人の女性が経営するマッサージ店だった。表向きにはマッサージ店を名乗る、性風俗店だ。店に到着すると、派手な化粧で人懐っこそうな笑みを浮かべた女性オーナーが、片言の日本語で「コンニチワ〜ヨウコソ〜」と迎えてくれ、出稼ぎの生活がスタートした。

店での働き方は、こんな具合だ。営業時間は11時から25時（最終受付は24時30分）。昼勤務と夜勤務が選べ、基本的には1日8時間の勤務だが、希望すれば営業時間フルで働くこともできる。日曜は定休日なので週1日は休みになるが、ノルマがあるわけではないため、週3～4日休みにすることも可能だ。ただ、ヨウコさんのように出稼ぎ目的で働いている女性は、短期間で集中的に稼ぎたいと思って来ているため、週1日休めたら十分という人が多かったという。

3カ月での報酬は300万円

給料システムは、客が店に支払う料金のうち、70％がもらえる出来高制で、日払いが基本。女性のレベルによって料金に差が出るものの、ヨウコさんが働く店では、30分コース＝1万円前後、45分コース＝1万5千円前後、60分コース＝2万円前後が店から女性に支払われる金額の平均だった。サービスが良ければ、客からチップ（日本円で3千～1万円程度が平均）が直接支払われる。また、個別にオプションのサービスを用意することで追加の報酬を得ることもできる。このオプションで得る報酬は、全て女性の取り分となるため、「みんな積極的にオプションを用意しているようでした」。

ヨウコさんも友人も、英語はほとんど話せなかったので、「最低限これだけは接客中に必要だから覚えて」という会話や単語が記されたカードを店からもらい、暗記するように言われた。

「あと、翻訳アプリとかGoogle翻訳を使ったりすれば、何とかコミュニケーションはできる。妙に口説かれることもないし、嫌なことを言われてもわからないし、言葉が通じないのって、風俗の仕事をするうえでは、意外と精神的に楽なんだと知りました」

宿泊先は、店が借り上げているシェアハウスで、店で働く女性たちと共同生活を送った。シェアハウスに宿泊しなければならないというルールはないが、宿泊費は光熱費、インターネット代込みで日本円で1日約3千円と、ホテルより格段に安いため、店で働く女性たちの多くがシェアハウスを利用していた。個室は一人一室与えられ、バスルームとキッチンが共用。ヨウコさんが過ごしたシェアハウスは、10畳ほどの個室が5〜6部屋あり、浴槽付きの広いバスルームとキッチンが付いた作りだった。キッチンには一通りの調理器具や冷蔵庫、皿類などが備え付けられているため、自炊も可能だ。

「シェアハウスで共同生活って、ちょっと留学したような気分を味わえるというか、旅行にはない楽しみがありました。店で働く女性はアジア系がほとんどでしたが、いろんな国から来ているので、それぞれのお国料理を作って食べたりしたのも楽しかった。店に訪れる客は、中国系の観光客が多かったですが、なかにはオーストラリア人もいました。店はウェブサイトなどを通じた集客もしていましたが、顔出しは完全自由なので、身バレするリスクはほとんどない。報酬のバック率も日本より高いし、日本のように店からタオル代やローション代などの経費を引かれることもないし、明朗会計で働きやすかった」

最初の渡航で働いた期間は、オーストラリアの観光ビザの上限期間である3カ月。宿泊費を除き、3カ月で合計約300万円の報酬を手にした。

「3カ月間、ほとんど休みなく店に出たので、結構ハードな3カ月でしたが、それを差し引いても、日本より格段に稼げました。客の感じも、日本で多かったオタクっぽい男性より、カラッと明るいというか、単刀直入に〝セックスするためにここに来ている〟という感じで、もっとシンプル。チップも励みになって、それなりにやりがいを持って働けました」

以来、同様の手順で出稼ぎをし始め、5年が経とうとしている。出稼ぎを繰り返すうちに英語も少しずつ話せるようになり、今では英語で普通にコミュニケーションを取ることができる。英語が話せることで、例えばオプションサービスの交渉などもしやすくなったり、客と他愛ない話もできるようになり、「もっと稼げるようになった」という。

また、アジア人女性の知り合いも増え、「あの国も結構稼げる」「あの店がわりと働きやすかった」といった情報も得られるようになった。入国時に怪しまれた時の切り抜け方や、嘘のつき方といった知恵も共有し合っているという。

酔った客に殴られたことも

オーストラリアで出稼ぎ中に怖い目に遭ったこともある。酔っ払った客が乱暴なプレイをし、首を絞められたり、殴られたりしたことがあった。身の危険を感じたヨウコさんは、泣きながら部屋から出て、受付にいたオーナーに助けを求めた。オーナーは、すぐに裏にいた用心棒を呼び、その客を店から追い出してヨウコさんを庇った。

その後、「今日は運が悪かった」「これで美味しいものでも食べて元気を出して、また明日可愛い笑顔を見せてね」と、日本円で3万円ほどくれた。自分でも「飼いならされているな」と思ったが、海沿いのレストランで店の女の子たちに慰められながら、オージービーフのステーキとワインを楽しんでいるうちに、「まあいいか」という気持ちになったという。

一番やりたいことは〝お母さん〟

現在は、東京から大阪に拠点を移し、オーストラリアに加え、カナダ、シンガポールに出稼ぎ目的で渡航している。5年で貯めたお金は、約1000万円。

「35歳になったら辞めようって思ってたけど、どうなるかな。5年前より日本の経済状況は悪くなっている気がするし、今さら日本で普通に働くのができるかどうか……。とにかく今は頑張って働いて、もっとお金を貯めて、投資でも始めようかな。富豪に出会って結婚でもできたら一番いいけど、特にそんな目処もないので(笑)。出稼ぎをやめてから、一番やりたいこと? 真面目な話をするなら、〝お母さん〟かな。自分の子どもを産んで、育ててみたい。子どものためなら、私も変われるかもしれないと思うから」

何人かカジュアルにデートを楽しむ男性はいるが、特に決まったパートナーはいないというヨウコさんは、1年前に卵子凍結をしたという。そこに託した思いは、「いつか子どもを産みたい」という純粋な願いそのもののように見える。

「〝セックスを仕事にしている私の卵子なんて〟という思いもあったけど、卵子凍結をしたら、なんか守るべきものができたような気がして、嬉しかった。たぶん私、本当の意味では孤独なんだと思う」

ヨウコさんが〝孤独〟と言った背景には、きっと未だに親と一切の連絡を取っていないことも、少なからず影響しているだろう。心のどこかでは、親に会って「あの時はごめんなさい」と謝り、やり直したいと思っている自分がいるようだ。上京してから今までの全てを、親に洗いざらい話してしまいたい自分もいる。ヨウコさんが言う〝孤独〟を解決するには、そうした過去にも、いつか向き合わないといけないことはわかっている。

「私が40歳になった時、本当に出稼ぎから足を洗えているか、また取材してくださいよ」と笑うヨウコさんの目は、静かな悲しみを湛えているような気がした。

フリーターからワーホリでオーストラリアに。「マッサージ店」で週20万円を稼ぐ——ユウコさん

やりたいことが見つからずニートに

「ワーキングホリデービザで渡った先で、風俗の仕事をしている日本人女性が結構いる」

複数の取材先から、そんな話を耳にした。風俗で働いた経験がない学生などの姿も見られるという。伝手を辿り、ワーキングホリデーでオーストラリアに行き、現地で風俗の仕事を経験した29歳の女性に話を聞くことができた。

「向こうで風俗の仕事をしている日本人女性？ 全然、普通にいましたよ。私みたいにワーホリ中の人にも会いました」

あっけらかんと話すのは、中国地方出身のユウコさん（仮名）。現在は、関東に住んでいる。いくつかの職を転々とし、28歳の時にワーホリビザでオーストラリアに渡った。

高校時代から、「いつか海外に住んでみたい」という夢があり、卒業後は関東にある旅行系の専門学校に進学したというユウコさん。在学中、「CAになりたい」という淡い夢を抱き、CA養成学校の体験授業を受けたこともあるが、強い意志を持って授業を受けている周りとの温度差を感じ、早々に諦めた。卒業後は、航空会社のグランドスタッフ（地上職）の仕事に就き、働き始めた。

憧れの航空会社の仕事だったが、あまり環境に馴染むことができず、入社半年ほど経つと「自分には合わないかも」と思うように。女性が圧倒的に多い職場で、独特の窮屈さを感じたのも理由の一つだ。「もう少し頑張ってみよう」と思うことができず、結果、2年足らずで辞めることになった。

これからどうしようかと考えた時、やりたいことが特にないことに気づいた。思えば、具体的に「これがやりたい」と思ったことがあまりない。旅行系の専門学校に進学したのは、仲の良い友達が志望する進学先だったから。航空会社の就職は、人から「すごいね」と言われそうだったから、というのが正直な理由だ。

いつか海外に住んでみたいのは本当だが、どうやって動けば良いのかわからない。

「楽して生きたい」「楽しいことだけしたい」「できれば働きたくない」、会社を辞めてしばらくの期間、実家で過ごしながら、そんなことばかり考えていた。

その後、わずかばかりだった貯金はすぐに底をつき、渋々コールセンターで働くことにした。「お金さえもらえれば良い」と始めた仕事だったが、朝から晩まで座りっぱなしでお客からの電話に対峙する仕事は、想像以上に気苦労が募った。クレーム対応も多く、すぐに気持ちを切り替えられないユウコさんは、ストレスが溜まる日々だったという。

「もっと楽しいと思えることがしたい」と思うものの、自分が何をしたいのかわからない。当時、実家暮らしだったユウコさんは、生活費があまりかからないのを良いことに、休みの日はストレス発散を兼ねて、思いっきり散財して遊んだ。そのため月20万円ほどの収入があったが、貯金はゼロという状態だった。

そんな日々を過ごすうち、気づけば27歳に。仕事は相変わらず面白くないし、もっと楽しいことがしたい。鬱々とそんな気持ちを抱えていたとき、ふと目にしたのがワーキングホリデー（ワーホリ）についての広告だった。

親に借金してワーキングホリデーへ

ワーキングホリデーとは、日本と協定を結んでいる国や地域で、休暇目的の入国や、旅行・滞在資金を貯めるために働きながら一定期間滞在することができる制度。日本は、1980年にオーストラリアとの間で制度を開始したのを皮切りに、現在29カ国・地域との間で同制度を導入している。国により25歳または30歳までに申請すれば、通常1年間（イギリスは2年間、オーストラリアは条件を満たせば3年間）現地に滞在できるビザが発行される。

ユウコさんは、「海外で自由に暮らせる」「海外で仕事ができる」「いろんな国の人と知り合いになれる」などのワーホリの魅力的な文言を前に、「いつか海外に住んでみたい」という夢がむくむくと蘇り、「これだ、これしかない！」という気持ちになったという。

とはいえ、貯金は相変わらずほとんどない状態だ。そこで親に頼み込んで、何とか50万円は借りられることになった。本当はアメリカに行きたいと思ったが、物価が高く、生活費を考えるとハードルが高い。そこでアメリカに比べると物価が安く、治安も良いことから、日本人のワーホリの渡航先で一番人気の国だというオーストラリアに決めた。

ワーホリビザを保持していれば、語学学校に4カ月まで通うことができる。ユウコさんも、せっかくオーストラリアに滞在するなら語学学校に通いたいと思ったが、月に約20万円の授業料を払えるほどの経済力がない。親からも「貸せるお金は50万円が限界。それ以上は自分で何とかしなさい」と言われている。ワーキングホリデービザの申請の際に必要な銀行の残高証明は、親から借りたこの50万円を手元のお金に合わせて乗り切った。とは言え、航空券代、保険代、ビザ申請料などを除くと、手元に残るお金は約15万~20万円。当面の生活費で、あっという間に消えてしまう額だ。そこで「少しでも時給が高いところで働きたい」と、求人サイトなどで職を探した。

思い描いたのとは程遠い生活

英語はほとんど話せない。そのため、必然的に職が絞られることになる。英語が話せず、未経験でもＯＫという日本人向けの求人で圧倒的に多かったのが、日本食レストランだった。賃金は日本円で時給約1400円スタートと、当時のオーストラリアの最低賃金より低い金額だったが、英語が話せないから、あまり職を選べる状況にない。それに時給1400円は、それまで日本で働いていたコールセンターの仕事を時給換算した金額よりは高かった。日本でもう少しお金を貯めてから渡航することも考えたが、行きたいと思った時に行かないと、その思いも冷めてしまいそうな気がした。となると、背に腹は替えられない。働きながら少しずつ英語力を身につけ、並行して他の職を探せば良いと考え、現地に飛んだ。

渡航後、ユウコさんが働き始めたのは、郊外の町にある日本食レストランだった。個室のあるシェアハウスで暮らしながら、電車で職場に通勤した。最初のうちは慣れない環境に戸惑うこともあったが、海外にいるという状況そのものが新鮮で、楽しかった。レストランで働く半数以上が日本人で、接客英語さえ覚えれば、他は思ったより英語を使う機会が少なかった。レジと料理を運ぶ仕事から覚え、慣れてくるとキッチンで簡単な調理の補助もした。ユウコさんと同じくワーホリで来ている日本人も何人かおり、みんなレストランで働きながら、並行して他の仕事を探しているようだった。

というのも、ユウコさんが働くレストランは、先述の通り時給約1400円からのスタートで、昇給は6カ月目から。だが昇給といっても、時給約100〜200円しかアップしない。賃金が安いため、多くの従業員が掛け持ちで仕事をしていた。1日7時間働いて約1万円、1週間で約5万円、1カ月で約20万円。シェアハウスの家賃は、週に約3万円、1カ月で約12万円（光熱費、ネット代込み）だから、ほとんどが家賃に消えていく。一部屋を複数人でシェアするルームシェアタイプのシェアハウスにするともっと家賃を抑えられるが、プライバシーは守りたいことから、個室はどうしても譲れない。

そして、せっかく海外にいるなら、休みの日にはいろんな場所に出かけて楽しみたいし、語学学校に通うための貯金もしたい――。すると食費を削るしかなくなり、パンとコーヒーなどの軽食や、店の残り物をもらって食べるなど、日本にいる時より質素な食事が続いた。アメリカより安いと言っても、日本に比べるとオーストラリアも物価が高く、外食すれば日本の倍近い金額がかかる。本当はもっと観光に出かけたり、買い物を楽しんだりしたいが、今の賃金のままでは到底難しい。

「このままだと、海外に来た意味がないかも」と、異国の地で、ジリ貧に近い状態のなか、焦りが膨らんでいった。

ルームメイトの紹介でマッサージ店の面接へ

そんな折、シェアハウスのルームメイトである中国人女性から「良いところがあるよ」と教えられたのが、〝マッサージ店〟だった。ユウコさんも、求人サイトなどを通じて、破格に時給が高いマッサージ店の求人をいくつか見たことがあり、気になる存在ではあったのだが、「もしかすると危ないお店なのかも」と躊躇していた。ルームメイトはいくつかのマッサージ店で働いたことがあると言い、「レストランよりマッサージ店のほうがずっと稼げる」「嫌なことはしなくていいから、大丈夫だよ」と、こともなげに話した。

ルームメイトいわく、仕事内容はマッサージが基本だが、性的なサービスをすることで収入を大幅にアップできるという。性的なサービスは、どこまで何をやるかは個人で決めて良いが、「マッサージのみしかやりません」という人は採用されない。あくまで性的なサービスを提供できる前提で採用となる。

「日本人の女の子もいっぱい働いてるよ」「まずはトライアルで試してみたら？　嫌だったらすぐ辞めたらいいし」

こんな声が後押しとなり、物は試しと、面接を受けることになった。ユウコさんは風俗の仕事の経験はなく、男性経験はそれまでに1人。性的なサービスに対する不安もあったが、どこかで興味を持っているのも事実だった。

「男性経験が少ないという自覚があったので、素直にもっとその方面を知りたいという気持ちがありました。海外だとバレる心配もないし、仕事として覚えられるなら、ある意味一石二鳥かもと思ったりして……」

オーストラリアでの売春行為は合法化されており、ユウコさんが滞在していた州では、性風俗産業で働く女性は政府機関からライセンスを受け、登録制で仕事をしている。だがライセンスを受けずに、違法にサービスを提供する店や女性も数多く、ユウコさんが面接を受けた店も、そうした店の一つだった。

オーナーは、ざっくばらんとした親しみやすそうな雰囲気の、50代ぐらいの中国人女性。面接は、出前のヌードルを一緒にすすりながら。オーナーは日本語を少し話すことができ、「日本人の女の子、ここでいっぱい働いてたよ」「サービスをした分稼げるけど、嫌なことはしなくていいよ」と言った。出勤日数は自由に選ぶことができるため、週1日の人もいれば週6日の人もいる。「この前までいた日本人の女の子は、週4日勤務で1カ月150万円ぐらい稼いでたよ」という言葉を聞き、やってみようと心に決めた。マッサージの基本講習を1〜2週間受けてから、接客が始まった。

週2〜3日出勤で20万円の稼ぎ

ユウコさんの働く店の仕組みは、こうだ。客はマッサージ代として、店に1時間70豪ドル（約7千円〈1豪ドル＝95円換算。以下同〉）を支払う。性的サービスは客と女性との間での個人交渉となるが、ユウコさんが働く店での相場は、手を使ったサービス（ハンドジョブ）で50豪ドル（約5千円）、裸になってサービスすること（オールヌード）で50豪ドル、自分の体を客の体にスライドさせるボディスライドで100豪ドル（約1万円）。女性によってはオプションで、本番行為を含めた他のサービスも用意している。

どのように客と交渉し、サービスをするのかを知るために、最初は別の女性の接客の様子を見学させてもらった。その後、週2〜3日の出勤からスタート。初めのうちは、緊張して冷や汗をかきながらの接客で、客から「大丈夫？　もっとリラックスして」と心配されることもあった。だが接客を重ねるごとに少しずつ慣れ、最初は日本円で6万円程度だった稼ぎも、ひと月後にはチップを含めて週に20万円程度になった。

接客人数は日によって差があるが、多い日は1日10人ほど。ユウコさんが働く店は都市部の歓楽街の近くにあり、客数が多く回転率が良いほうだったことも大きい。

「最初のうちは、〝大丈夫かな、私にできるかな〟ってかなりビビってましたけど、やってみたら案外できたという感じでした。何よりめっちゃ稼げるから続けられた。そりゃ気持ち悪いな、疲れたなって思うこともありましたけど、他の仕事に比べたら、短時間ですごく稼げる。〝そっち方面〟の知識も得られるし、変な話、私にとっては学びもある仕事だった。翻訳アプリとかも使いながらですけど、客と一対一で会話もするので、日本食レストランにいる時より英語を話す機会も多くて。稼げるなら、やるしかないって感じでした」

週2〜3日勤務なので、残りの日は観光したり、遊んだりして過ごせた。行きたかったレストランにも行けるし、欲しかったものも買える。

「やっとオーストラリアに来た甲斐がある～！　って感じでした。日本食レストランで働いている時は、私は一体、何をしに来たんだろうって自己嫌悪に陥ることもあったから……」

店には他にも日本人女性の姿

ユウコさんが働いていたマッサージ店には、他に日本人女性が4人いた。全員20代で、うち3人がワーホリ中、1人が観光ビザで入国し「旅行のお小遣い稼ぎに」と働いている人だったという。ワーホリ中の3人のうち、2人は「渡豪したはいいが、思うように稼げない」というユウコさんと同じような経験から、高収入のマッサージ店にたどり着いたという流れだった。

「残り1人は日本でも風俗で働いていた経験があって、風俗の仕事で稼ぐために渡豪したという女性でした。その子は、マッサージ店と、売春宿みたいなところと掛け持ちしてたみたいで、かなり稼いでる感じでした。日本の風俗より全然稼げるって言ってましたね」

マッサージ店で働き始めて半年ほど経つ頃には、日本食レストランで働いていた頃より、ずっとお金に余裕ができ、最後の2カ月間は語学学校に通うこともできた。

「たった2カ月ですけど、あの仕事をしてなかったら、語学学校には通えなかったと思う。2カ月では全然習得できないので、もっと英語を学ぼうって思いました。親とかには絶対言えないけど、マッサージ店での仕事のおかげで可能性が広がったのも本当です」

語学学校では、ワーホリ中の日本人の若者と出会うことも多かったが、出稼ぎ目的で来ている人も多く驚いたという。「奨学金返済を少しでも楽にするため」という目的で、現地の寿司店で働き、月40万円ほどを稼ぐ大学生もいた。

「きちんと仕事を選んでいる人は、日本の仕事より倍近く、下手したらそれ以上に稼げるって、みんな言ってました。未経験でも、農場のアルバイトで月50万円ぐらい稼いでいる人とかもいましたよ。出稼ぎ目的じゃなくても、こっちで働いてみたら〝あれ？意外と稼げる〟みたいな感じで貯金してる人もいましたね。私は後から知りましたが、日本食レストランは時給が低いところも多いから、働くところをきちんと選ばないといけないらしいです。とりあえずで行き当たりばったりなのは、やっぱり良くないって、今更ながら勉強になりました」

やっとやりたいことを見つけた

その後、ビザの有効期間である1年を区切りに帰国した。ワーホリを経て、「やっぱり旅行業界でもう一度働いてみたい」という気持ちが芽生えたという。

「もっと英語を頑張って勉強して、英語を使う仕事がしたい。そしたら自分の世界が広がるし、いろんな出会いがあると思う。やっと自分がやりたいことが見えた感じなので、今度は頑張って続けてみたいって思ってます。29歳の今なら、まだやり直しがきくかなって」

帰国後、日本の風俗の仕事について、興味本位で検索してみたこともある。しかし、日本で同様の仕事をするつもりは「全くない」ときっぱり言い切る。短い間ではあるが、海外の風俗店で働いたなかで、その世界から抜け出せなくなったであろう人たちを見たことも大きい。いくら稼げたとしても、自分はやっぱり、堂々と胸を張れる仕事がしたいと思った。

「でも、またオーストラリアに遊びに行く時には、お小遣い稼ぎに（マッサージ店で）働くのも良いかな。旅費とか遊ぶお金が稼げるし、基本的には身バレしないから」

その後、ユウコさんは旅行系のアプリを運営するベンチャー企業に就職したと連絡があった。

「今も、できるだけ楽して生きたいし、できれば働きたくない（笑）。そんなところは変わらないけど、とりあえず頑張ってみます」

メールには、一人暮らしを始めた家の窓辺に飾られた、コアラのぬいぐるみの写真が添えられていた。オーストラリアで働き始めた時、記念にと現地の店で買い求めたものだという。

「あの頃の気持ちを忘れないようにという意味でも、お守りみたいに飾ってます」

コロナ禍で稼ぎが減り出稼ぎへ。年収4千万円を稼ぐホスト狂い――キョウコさん

大卒で手取り18万円。副業のキャバクラが「天職」

「行ってみたら意外と面白かったから、今も続けてます」

海外に出稼ぎに行き始め、1年強になるというキョウコさん（仮名・28歳）。これまで出稼ぎに行った国は10カ国以上に上る。国にもよるが、海外では1カ月で約300万円を稼ぎ、昨年の年収は約4千万円。性風俗の仕事は、6年前にスタートした。

北日本の出身。地元の大学に通っていた時にキャバクラで働き始めた。働くうちに、キャバクラの仕事は「天職」だと思った。

「私、お酒が好きなんですよ。人のお金でお酒が飲めて、酔っ払って、毎日が楽しい。それでお金も結構もらえる。こんなに良い仕事あるのかなって」

卒業後、地元を離れて都市部で就職してからも、会社には伏せて、副業としてキャバ

クラで働いた。自分の意思でした就職ではなく、〝親のエゴ〟に沿った結果の就職だったと振り返る。

「親は〝大学を卒業したら、もちろん就職するよね〟という感じで、就職しない選択肢は、端から頭にない感じ。入った会社は月の手取りが18万円とかで、給料も安いし面白くないし、やってられなくて。キャバクラの副業で月30万～40万円は稼いでいたことで、月50万～60万ぐらいの収入があったから保てていたけど、会社の給料だけだったらやってられなかった」

会社を辞め性風俗業へ

そのうち、会社に行くのが面倒になって行かなくなり、辞めることに。それを機に、大学時代から6年続けたキャバクラから、性風俗の仕事に転身した。

「どうせやるなら、風俗の仕事でも良くない？　って思って。風俗の仕事に抵抗感は全然なかったです」

性風俗の仕事を始めて6年ほどになるキョウコさんは、性風俗の仕事＝性を売る仕事とは思っていない。「ただ、客に〝穴と膣壁〟を貸してるだけ」と、あっけらかんと言う。

「完全に割り切ってるから、汚いとかも思わないし、病むこともないです」

日本ではデリヘル、ファッションヘルス、ソープランド、メンズエステ、SMヘルスなど、一通りのジャンルで働いた。6年余りでの経験店舗数は140近い。

「合わないと思ったらすぐに他に移るし、国内の出稼ぎ（全国各地の風俗店への出稼ぎ）をかなりやってきたのもあって、経験店舗数は多いですね。会社とキャバクラの両立で稼いでいた額を、風俗の仕事は3～4日で超えられる。前より全然稼げるようになって、めちゃくちゃいい仕事だなって思いました」

順調に稼いでいたのだが、そのうち稼いだお金の大半をホストクラブで使うようになった。風俗の仕事を始めてから都内に引っ越したものの、最初のうちは東京に友達がおらず、寂しかった。そんななか、同郷の友人がホストクラブで働いていると知り、「せっかくなら行ってみようかな」と思って足を運んだのが、通うようになったきっかけだ。

「お酒を飲むのが好きだから、飲めれば基本的にはどこでも楽しい。ホストクラブは雰囲気が好きなのもあるかな。お金を払ったらその分、もっと楽しく飲める。だったら全然お金払って楽しく飲むよって感じで通い始めて」

コロナ禍で出稼ぎを決意

5年半ほど前から、指名している特定のホストにお金を使うようになった。これまでそのホストにつぎ込んだ額は、約1億円にも上る。コロナ前は年収が約2800万円あり、うち2300万円ほどをホストに使っていたが、コロナ禍で突如、思うように稼げなくなった。海外出稼ぎを決めたのは、それが理由だ。

「海外出稼ぎについては、コロナ前から耳にはしてました。でも日本でそれなりに稼げてたから、特に行く理由がなかった。コロナで稼ぎが落ちたことで、行く理由ができたんです。海外出稼ぎは危ないとかって話も聞くけど、私はやったことがないことや、知らないことについて、経験もしてないのに決めつけるのは嫌。だからまずは行って経験してみようと思って。ただし、私はホストに出稼ぎを紹介されたわけじゃないですよ」

キョウコさんが「ホストに出稼ぎを紹介されたり、強要されたわけじゃない」と強調するのは、今、ホストにつぎ込むお金を稼ぐために、ホストを介して出稼ぎをする女性が少なくないからだ。それは一体、どういうことなのか。ここで少し、その構図について説明しよう。

ホストクラブと出稼ぎの関係

ホストクラブでは、担当ホストごとに客が支払った金額が、それぞれのホストの売り上げになる。ただしこの売り上げは、全てがホストの懐に入るわけではなく、店とホストとの折半となる。つまり、客が使った金額の約半分が、担当ホストの収入になるシステムだ。

ホストクラブには「売掛《うりかけ》」という制度があり、客は来店時にお金を持っていなくても、ホストにお金を〝借りる〟ことで遊ぶことができる。例えばホストクラブで遊んで50万円の会計だったとすると、ホストが女性に代わって、半分の25万円を店に入金する。店に支払う分を、客に代わってホストが立て替えるという形だ。ホストに支払う分の残り25万円とともに、客は担当ホストに50万円の借金をしたということになる。この売掛をどう返すかは、客とホストとの間で決めることで、基本的に店が関与することはない。

こうしてホストへの借金が膨らみ、返済に困るなどした客が、ホストから出稼ぎを勧められるという流れがある。多くの場合、出稼ぎを紹介するスカウトマンやエージェントらが間に入る形で、その時に募集のある風俗店を紹介される。もちろん、ホストと出稼ぎを斡旋するスカウトマンらはつながっている。これまでも同様の流れで、客の女性たちが国内の風俗店に出稼ぎする動きが見られていたが、それが今、海外出稼ぎへと広がっている実態がある。

キョウコさんに話を戻すと、「ホストにお金をつぎ込んではいるものの、自分はこうした構図に当てはまらない」という意味で、「ホストに出稼ぎを紹介されたわけじゃない」と口にしたわけだ。

情報源はSNS

これまでの海外出稼ぎは、所属が異なる4人のエージェントを介して渡航した。1人目が、日本で国内の出稼ぎをしていた時から世話になっていた人物。2人目は、風俗で働く友人から「良かった」と聞き、ツイッターから問い合わせた人物。3人目、4人目は日本に帰化した中国人で、いずれも別の女性からの紹介で知った人物だ。エージェントとの最初のやり取りは、全てツイッターを通じてだった。

キョウコさんがエージェントを通じて紹介された海外の店は、圧倒的に中国人がオーナーの店が多い。店と女性とをつなぐパイプ役となるエージェントは、「どれだけの店とコネクションを持っているか」が勝負になる。中国人オーナーの店とのネットワークが強いのは、やはり中国人のエージェントという傾向があるらしい。キョウコさんが3人目、4人目のエージェントを中国人に決めたのは、そうした理由からだった。

「海外出稼ぎを考える女の子たちから、よく〝エージェントを探して海外に行きたい〟っていう声を聞きますが、それは順番が逆。本来は〝この国に行きたいから、その国に強いエージェントを探す〟というのが取るべき手段だと思います。信頼できるエージェントかどうかを見極めるのはもちろん、それぞれの特色や強みを考えて選ぶのが大事なんです」

エージェントを選ぶ基準の筆頭は、「送金がきちんとされるかどうか」の送金実績だという。実績を調べるには、そのエージェントを介して出稼ぎに行った女性に、エージェントの動きがどうだったかを聞くのが最も手っ取り早い。とは言え、検討中のエージェントを使った女性なら、誰にでも話を聞くというわけではない。相手を間違えれば、偽の情報をつかまされることもありうるし、エージェントに告げ口されたり、SNSで良からぬ噂を流されるなど、〝聞くリスク〟が生まれる場合もあるからだ。そのため「この人は話を聞いても大丈夫な人かな」と自分なりに見極めたうえで、情報を得るように気をつけている。

出稼ぎに行くうえでの〝最低限のライン〟をSNS上で守れているかも、見極めるポイントの一つ。例えば、「海外出稼ぎ」は「海外D稼ぎ」の隠語を使ったり、地球儀のマークを使用すること。出稼ぎに行った国の名前を書くのではなく、国旗のマークに留めること。顔出しはしないこと。などなど。

「SNSのルールを守れているかどうかはマスト。加えて、一定期間、同じ店で過ごしている子で、この子は大丈夫そうだなと思えたら聞くとか。ツイッター上でどれぐらいの知名度があるかも、一つのフィルターになるかな」

キョウコさんもSNSアカウントを持ち、出稼ぎの経験についてつぶやいていたが、出稼ぎに興味を持つ女性たちから「あれを教えて、これを教えて」と問い合わせが殺到するようになり、アカウントに鍵をかけた。

「面識もないのに、ただ情報くれって来る子は嫌ですね。いちいちそれに答えてられないし。私にも出稼ぎ＝悪いことをしているという認識はもちろんあるから、情報を発信したり、質問に答えたりすることには、それなりのリスクがある。だけどなかには〝出稼ぎ＝悪いこと〟という認識すら持っていない子もいて、そういう子とは関わらないようにしています」

自衛のための確認事項①

これまで、国内でもエージェントやスカウトを通じて出稼ぎをしてきたキョウコさんは、複数のエージェントらとやり取りするうちに、彼らの言うことの裏表がわかるようになってきたという。そんなキョウコさんが、自衛のための必須確認項目としている点が3つある。

1つ目が、「最高いくら稼げるか」を聞くのではなく、「一番稼ぎが低い人で、平均（アベ）いくら稼いでるか」を聞くこと。「こんなに稼げる」と謳う最大値ではなく、最低値を確認する。エージェントが「こんなに稼げる」と持ち出してくる金額は、ずば抜けたスペックの一握りの女性だけが稼げる額で、実際に行ってみると思うように稼げないというのは、よくある話らしい。

「私は現実的じゃない話を聞かされるのがすごく嫌だから、最低額を確認します。エージェントのおいしい話だけを信じる子もいるけど、そんなにいい話ばかりじゃないって気づいてる子は、そこまで夢を見て（海外に）飛ばないかな。たまたま運良く稼げた経験がある子とかは、それが抜けなくて、また稼げるって信じて飛んじゃったりもしてますけど」

自衛のための確認事項②

2つ目が、手数料の確認。客が支払った金額のうち、女性の取り分がいくらになるかを事前に確認する。店の取り分も踏まえ、女性に60％の金額が支払われるようなら〝まとも〟なエージェントで、支払い額が50％以下ならエージェントに何％入るのかを確認する。

「何も知らない女の子だと、自分の取り分が48％とかでも、特に疑問を持たずに承諾しちゃったりしてます。でも、そんなの絶対ありえない手数料ですよ。エージェントの取り分が多いほど、悪徳ということになりますが、おかしいと思った時に交渉できるかどうかも大事。交渉できない相手とわかったら、絶対に使いません」

合わせて、送金手数料も事前に確認する。これまでの経験から、キョウコさんが適正だと考える相場が「6〜10％」。地下送金にはいくつか手段があるというが、足がつかないよう、現地通貨から2〜3回、別の通貨に両替してから送金される場合は、両替手数料もかさむため、必然的に手数料が高くなる。キョウコさんは、「経験上、それでも10％が上限」だと口にする。

「本当は送金手数料にそんなに払うなんておかしい話なんですが、アングラなことをやってもらう手間賃として払っています。多額の現金を持ち帰るのは税関で没収されるリスクがあるし、自分の安全が第一と考えると、やっぱり手段は送金になる。私は足がつくのを絶対に避けたいから、自分の口座に紐付くことは一切したくなくて、基本的には帰国後に現金をエージェントから直接受け渡してもらいます」

自衛のための確認事項③

3つ目が、エージェントに事務所の所在地を確認すること。住所を聞いて教えてくれない人に、自分が稼いだお金を預けることはできないと決めている。

「私も演じようと思ったら、すごくいい子を演じられるから、エージェントの人柄とかは全然信用してません。最低限、この3つを確認したうえで、シビアに判断します。自分が損するのは嫌だから、事前にいろんなことを調べて、自分なりにルールを決めて海外に行くのは当たり前。調べないと損するのは自分ですから」

現地に飛んだ後、エージェントのサポートで最も大切なのは、〝返信の早さ〟だという。エージェントを介して渡航した場合、現地での仕事において、何かわからないことがあったら、基本的にはエージェントに確認することになる。そのため、「とにかく返信が遅いと困る」と眉をひそめる。

「エージェントの反応が遅いと身動きできないし、わからないって状況が怖いから。こっちは不安だから連絡してるのに、抱えている女の子が多すぎてレス（返信）が遅いエージェントが結構いるんです。それって知らない土地で仕事しようとしている私たちからすると、本当に困るし恐怖なんですよ」

出稼ぎに行く女性たちの間で、悪徳エージェントに関する情報もやり取りしている。例えば「しっかりサポートします」「絶対稼げるように頑張ります」などと豪語している割に、動きが悪く、渡航しても何もしてくれないエージェント。にもかかわらず手数料が高いため、女性と揉めがちだが、結局は女性側が言いくるめられて終わったり、そもそも騙されていると気づかない女性もいるという。

「女の子はリスクを負って頑張って働いてるんだから、損してほしくない。もちろん自己責任だから、それぞれが気をつけて見極めるしかないけど、何もしないのに手数料をがっぽりもらおうとする奴らって、本当にずるいし最低だと思う」

客の大半が中国人

これまで10カ国以上に飛び、経験した店舗は15店舗ほど。期間は1回につき2週間〜約50日が多いが、合わないと数日で帰ることもある。

「ここでは稼ぎが伸びないと思ったら、国や店を変えます。同じ国で、1週間とかで店を変えることもありますね。基本的に、店では女の子がどんどん入れ替わるので、〝ニューガール〟でいられる10日間ぐらいは同じ店にいて、その後は別の国か店に移ることが多いです」

稼ぐ額は、オーストラリアを例に挙げると、少なくて700豪ドル（約6万7千円）、高くて3500豪ドル（約33万3千円）で、1日平均2千豪ドル（約19万円）程度。働くのは中国人がオーナーの店ということもあり、客の大半が中国人だという。

「最近は海外でも摘発が入ることが増えて、稼ぎ自体は以前より落ちてます。それでも、もう日本で働こうとは思ってません。海外のほうが、自分がやりたくないことに対してノーと言えるし、女の子に優しいから。日本で働いている時は、いくらお金のためでもやりたくないことが多かった。海外で働くほうが、自分のニーズと収入とのバランスがいいと思っています」

「稼ぎたい」というのが出稼ぎに行き始めた最大の理由だが、振り返れば「日本人を接客したくない」というのも理由の一つだったらしい。

「今、日本の風俗店では、イチャイチャする恋人プレイを売りにするところが多いけど、私はそれが嫌で嫌で。日本では〝自分のテクニックを試しに来た〟みたいな、面倒な客も多かったですね。海外では圧倒的に中国人の客が多いですが、日本に比べると、恋人プレイとか求めてくる客があまりいないし、ただ性処理に来ているって感じでベタベタしない。だから全然やりやすいんです。私もそうですが、海外に飛んだら、もう日本の風俗で働けないっていう子は結構多いと思います」

出稼ぎ中、接客で怖い目に遭った経験は今のところない。親の教育方針で小学校の頃から英会話教室に通い、大学は英文科だったというキョウコさんは、もともと英語も話せるため、海外で会話に困ることもそこまでない。ただ、どこの国に行っても客は中国人が多いことから、今は中国語も話せるように勉強しているという。

出稼ぎ中は、「お金以外で潤うことはあまりない」としながらも、海外の生活を楽しむ余裕もある。観光も楽しむが、特にカジノに行って遊ぶのが好きだという。現地で知り合った子と友達になることもあれば、その友達と一緒に他の国に出稼ぎに行くこともある。

「日本でできない経験ができるというのも、海外出稼ぎの魅力だと思います」

日本人女性の数が増え、質が下がった

いろいろな国を転々とするなかで、最近、日本人女性の出稼ぎがぐっと増えたと感じている。例えば1年前にキョウコさんが働いたオーストラリアの店では、当時は日本人が4〜5人だったのが、最近は13人など倍以上に増えているらしい。

「〝海外出稼ぎが儲かる〟というツイートが、エージェントやスカウトからたくさん出回っているから、それを見て出稼ぎに行く女の子が増えてるんだと思います。エージェントは今、大して可愛くない子でも、どんどん（海外に）飛ばしてますよ。そのうち日本人の女の子が溢れかえって稼げなくなるのが目に見えていて、本当に迷惑だし困る。

すでに〝日本人ブランド〟が崩れてきているし、いろんな意味で質が落ちてきていると思います」

キョウコさんが〝日本人ブランド〟と表現する背景には、こんな光景がある。海外の店で、店の女性たちが客の前にずらっと並んで品定めされる、〝ショータイム〟と呼ばれる時間。女性たちとひと時を共にする金額は、容姿にも左右されるものの、女性の国籍によって大きく異なってくることを目の当たりにした。

「アジア系だと、日本が上位で、その次に韓国、中国。最安値がインドネシアとかベトナム。整形しているかどうかも金額に関わってきますが、それ以上に国籍が物を言うんだと知りました。海外の客から見ると、日本人はサービスが良いとか、AVみたいなプレイができるみたいな幻想もあって、人気が高いみたいです。でも最近は、日本人でも質の低い女の子が増えてきて、ちょっと変わってきてるんです」

安売り、持ち逃げ

キョウコさんの言う〝質の低い女の子〟とは、自分を〝安売り〟してしまったり、客から支払われた報酬を店に渡す前に持ち逃げしたりする女性たちのことだ。本来はオプションとして別料金をもらうはずのサービスを、格安でOKにしたり、なかには無料で良しとしたりする女性が出てきているらしい。これが続くと、たちまち日本人女性の料金の相場が崩れ、安売りせざるを得ない流れになってもおかしくないと、キョウコさんは懸念している。

出稼ぎに行く女性が増えるなか、客から支払われた報酬を持ち逃げする例も増えているという。店で働く場合、客から支払われた金額は全てが女性の取り分になるわけではなく、店にもお金を渡さなくてはならない。それをわかっていながら全額を持ち逃げする女性が、日本人でも増えていると話す。

「つい先日も、お金を持ち逃げした日本人の女の子の写真が出回っていました。こういう例が続くと、日本人ブランドが崩れてしまうし、頑張っても稼ぎにくくなる。考えなしにそういう行動をしてしまう、頭の悪い子の渡航が増えているのが困るんです」

1年のほとんどを海外で過ごし、日本で過ごす期間は3カ月ほどという、出稼ぎが中心の現在の生活。だがこの生活は、半年以内で辞めるつもりだと口にする。お金をつぎ込んできたホストが、「半年以内にホストクラブを辞める」と話しているためだ。

「だから私もホスト狂いを卒業しようかなと。まあ、彼はホストを辞めるって言ってるけど、そんな簡単に辞められるわけないとも思ってる」

実は、日本では、そのホストと一緒に暮らしているらしい。「好き同士だけど、彼氏彼女じゃないし、男女の関係じゃない」と話す口ぶりには、言葉では説明しづらい複雑な感情や関係性があるようだ。キョウコさんが海外に出稼ぎに行くことについて、ホストは心配もしていたという。あえてその関係性を問うと、〝共依存〟という言葉が返ってきた。

「私は〝これだけお金をつぎ込んできたんだから〟という気持ちがあるし、向こうは〝これだけ自分にお金をつぎ込んだ女なんだから〟という気持ちがある。私も向こう（彼）に依存してるし、向こう（彼）もお金を使う私に依存してる。だから、恋愛関係とかじゃなくても、ちょっとやそっとじゃ離れられない感じになっちゃってる」

キョウコさんは、「悪徳エージェントやスカウトに騙される女性が減ってほしい」「考えなしに出稼ぎに行く女性が増えることで、（出稼ぎマーケットにおける）日本人女性の質を落としたくない」という理由で、海外出稼ぎ中に取材に応じてくれた。「これは書けない話ですが、理解を深めていただくためにお話しすることは可能です」と線引きをしながらも、自分が体験したことについて言葉を紡いでくれた。自身も出稼ぎマーケットにおける当事者の一人でありながら、広い視点でマーケットの動きを捉えている印象だ。

「経験もしてないのに決めつけるのは嫌」という姿勢は、出稼ぎに限らず、これまで自身が徹底してきたことなのだろう。自分が実際に経験したことから分析し、自分なりのルールを設けて実践し、反省点を次回に生かす。いわばPDCAサイクルが機能しているようにも見えた。淡々と落ち着いて話す口ぶりは、到底〝ホスト狂い〟とは結びつかない印象だが、そこには複雑に絡み合ったものがありそうだ。

第2部　何が彼女たちを出稼ぎに向かわせるのか

ここ数年で増加する「海外出稼ぎ」

今、「日本より海外のほうが稼げる」と、海を越えて〝出稼ぎ〟をする性風俗業の日本人女性が出てきている。その数が一体どれぐらいなのか、正確な数字は定かではない。だが少なくとも1部で登場した6人の女性たちは、ここ5～10年以内に出稼ぎを始めた人ばかりだ。性風俗業で働く当事者らを支援する団体の元にも、日本から出稼ぎに行った人が現地でトラブルに巻き込まれるなどして相談が寄せられる機会が増えているという。

日本経済の停滞が長引く今、「海外のほうが稼げる」と国外に渡る例は、性風俗業に限った話ではないが、出稼ぎを選んだ女性たちに話を聞くと、「稼ぐためには〝数〟をこなすしかない日本の風俗業界に限界を感じた」「どれだけ頑張っても収入が変わらず、先が見えなかった」といった声も聞かれる。通信技術の進歩によって、ネット上で誰もが自由に発信でき、世界中の個人同士が簡単につながることができる今、あえて旧来続く日本の風俗業界のシステムに即した働き方をしなくても良いと考えるようだ。

日本は不法就労を疑われる国に

現在、アメリカを始め多くの国が、売春目的での入国を禁止している。そのため、出稼ぎをする女性たちは、入国時には現地で働くことを伏せて入国し、現地で短期間働いて帰国するか、別の国に移動する。言わずもがな、海外で働くには就労ビザが必要だが、性風俗業で就労ビザを取得することは難しいため、観光ビザなどで入国するか、表向きには別の仕事で就労ビザを得て入国し、副業的に性風俗の仕事をする人もいるようだ。これらの行為はもちろん不法就労にあたり、検挙の対象となる他、国によっては逮捕される危険性もある。なお、オーストラリアやニュージーランドのように売春が合法化されている国であっても、別の目的で入国すると見せかけて現地で働くのは、不法就労となるのに変わりない。

実際に、ビザ申請のサポートを行う行政書士らの事務所では、売春や不法就労を疑われて入国を拒否された日本人女性からの相談件数が大幅に増加する事態が起きている。

「2020年末ぐらいから、〝売春疑いで入国できない〟という若い日本人女性からの相談が相次いでいます」

こう話すのは、アメリカのビザに詳しい行政書士の佐藤智代さん。それまで売春疑いの入国拒否に関する相談は、年間4~5件ほどが相場だったのが、最近では多い時で1カ月に8件の相談が来るほどに急増しているという。

佐藤さんの元に「入国できない」と相談に来る女性は、本当に売春や不法就労が目的だった人もいれば、ただ観光目的で入国しようとした人もいる。年齢は20代~30代半ばが多く、水商売や性風俗の仕事をしている人もいれば、昼は事務職でたまに風俗の仕事をしている人、キャバクラ勤務やパパ活などでお小遣い稼ぎをしている人などさまざまだという。もちろん普通の会社員や学生で性風俗業とは全く縁がないといった女性もいる。相談者の多くが〝単身で〟入国しようとした女性だ。

「相談実績から推察するに、実際にアメリカに売春目的で入国しようとする日本人女性が増えているのでしょう。移民局もこうした動きに目をつけていて、明らかに警戒態勢が強まっています。ロサンゼルス、ニューヨーク、ラスベガス、シアトル、ハワイなどで売春を疑われて、入国拒否を受けたという相談が非常に増えています」

アメリカでは一部の地域を除き、ほぼ全土で売春は違法行為とされており、売春に関わった人は「犯罪者」となる。そのため、入国時や入国後に売春に関わったと認定されたら、入国拒否や強制送還となり、ケースによっては5年またはそれ以上の入国禁止期間がつく。また、通常90日以内の観光や短期のビジネスを目的とした渡米の場合は、「ESTA（エスタ）」の取得によってビザなしで入国することができるが、一度売春の条例が適用されると、一生涯エスタでの入国ができなくなる。つまり入国禁止期間が経過した後も、数日間の滞在であってもビザの取得が必須になり、またその時にビザを取得できる保証もない。数年間の入国禁止＝永久的に、アメリカに入れなくなる可能性があるとも言える。

こうしたことから、売春目的の女性たちは、慣れている人ほど、入国対策としてあらかじめスマホ内のデータを消したり、持ち物を精査するなどの準備をする。だが海外に出稼ぎに行く動きが広がり、出稼ぎ初心者の渡航も増えるなかで、対策がおろそかなまま入国しようとし、ストップをかけられる例が一定数あるようだ。「仕事は？」と聞かれて、正直に「キャバクラ勤務です」と答えたことで、売春を伴う職業とみなされ、入国できなかった例もある。ビザ問題に詳しい弁護士の上野潤さん（イデア・パートナーズ）は言う。

「日本では、水商売と性風俗の仕事とが区別されていますが、アメリカでは〝売春か、そうでないか〟という見方になります。つまり、〝対価を目的に関係を持つかどうか〟でしか見ません。どこまで何を疑うかは、入国審査官や移民官、警察官にも、それぞれ個々の基準があり、人によるところも大きい。キャバクラ勤務＝売春婦だと思っている審査官も普通にいます。〝対価を目的に関係を持つ行為〟の解釈が、日本より広い傾向にあるのは間違いないでしょう」

下着やポーチの中まで全て調べ詰問

入国審査官に売春を疑われた場合、空港の別室に連れて行かれ、警察官などから長時間にわたって取り調べを受けることになる。「なぜ一人なのか」「職業は」「宿泊先は」「入国の本当の目的は」「入国後、誰かと仕事の約束をしているのではないか」といった質問に始まり、荷物も下着やポーチの中身に至るまで、全て調べられる。服が多いと

「なぜ荷物にこれほど洋服があるのか」、派手な下着が入っていると「なぜ下着が派手なのか。仕事で使うのではないか」という流れになる。

特に若い女性で高価なブランド品を身につけていたり、派手な格好をしていたりすると、ストップをかけられる傾向があるようだ。スマホもロックの解除が求められ、メールのやり取りや各種SNS、検索履歴、登録している連絡先など、徹底的に調べられる。やり取りのなかで個人名が出てきたら、その人に電話をかけ、本人の証言と電話をかけた相手との証言の合致を見て、真偽を確かめるなどする。

さらに、SNSでつながっている友人やスマホに連絡先を登録している知り合いが、過去に売春疑いで入国拒否になっていた場合は、同様の疑いをかけられることもある。過去に入国拒否になった友人のSNSの写真にタグ付けされていて、それが記録されていたことで同様に入国拒否となる場合や、友達とのメッセージのやり取りが記録されており、入国審査時にパスポートの名前を見ただけで別室に呼ばれるケースも。また指紋や唾液を採取されたり、写真を撮られたりする場合もあるようだ。たとえ本当に潔白であっても、入国審査官に誤解されてしまうこともあるという。

「入国審査官らもかなり情報をつかんでいるようで、各種売春斡旋サイトやパパ活サイト、売春斡旋をするエージェントなどについても相当詳しく調べています。例えば過去に売春斡旋サイトに電話番号を登録していた人が、スマホの履歴などを全て消していたのに、アドレスや番号から〝以前、このサイトに登録していましたよね？〟と特定されたこともありました。一人捕まえたらそれで終わりではなく、つながりのある人物は犯罪グループとみなされ、一網打尽に摘発しようとしているのだと思います」（佐藤さん）

過去に入国拒否を受けた女性の中には、丸一日拘束され、手錠や腰縄、足枷などをつけて別棟の部屋に連れて行かれた人もいる。取り調べ中に机を強く叩かれたり、髪の毛を引っ張られたり、人権侵害のような言葉を浴びせられたりした人もいるが、取り調べの記録には、審査する側のそうした言動は一切残らないのが通例だ。

また、売春目的で入国しようとした女性の中には、何と「膣の中まで検査された」という女性もいる。過去にアメリカで接触したことのある客の中に、麻薬の密売人と思われる人がおり、売春の前に薬物犯罪を疑われたケースだ。「薬物をどこかに隠しているのではないか」と服を全部脱がされ、身体検査で膣の中まで調べられたという。さらに売春目的であることをうまく隠して入国できたとしても、出国時に別室に呼び出され、スマホのGPSの記録から「あなたはずっと売春宿で滞在していただろう」と厳しく詰問された人もいる。

「審査は年々厳しさを増している印象で、今後も手を緩められることはないだろうと思います。過去に売春で捕まったことのある女性と一緒に撮った写真がインスタグラムで見つかっただけで、婚約者と一緒にハワイに渡航した際に入国拒否を受けた女性もおり、事態は深刻です」（佐藤さん）

取り調べは入国先の言語で行われるため、現地の言葉が話せないと、いくら潔白でもまともに反論すらできない。結果的に泣き寝入りするしかなく、渡航費を無駄にし、帰国を余儀なくされる例も出てきている。

一方、なかには売春と認定されて入国拒否になったことを知らずに、何度も入国を試みようとする女性もいるそうだ。その多くが「海外で稼げた」という経験がある、売春目的の女性だという。

「入国拒否になっても、その場では自分がどの条例が適用されて入国できないのかがわからない例が少なくありません。英語が話せないとなると、なおさら理解するのが難しい。入国できる可能性は限りなくゼロに近いと知らず、弁護士や行政書士に高額な報酬を払ってでも入国を試みようとする。向こうで稼げたという経験があると、また行きたいという気持ちがどうしても抜けないのでしょう」(佐藤さん)

そもそも、売春目的での入国が違法行為と知らずに入国しようとする女性もいる。そういう人は別室に呼ばれると、何が起きているのかわからないとなるケースも一定数あるという。入国審査で弾かれやすいと知らず、エスタ申請時の職業欄にキャバクラなどの夜職を記入する人もいる。

「基本的に、物価や賃金が高い国側から見れば、それらが低い国からの入国は、不法就労をする可能性があると認識されます。そして売春の場合、ただの不法就労よりも重い犯罪と見なされる。未来永劫、入国ができなくなるリスクがあることをわかったうえで渡航している人は少ない印象です」(上野さん)

違法行為だと知っている人も、仮に海外で検挙されたとして、自分の人生にそこまで大きな影響を及ぼすとは考えていないようだ。海外出稼ぎに行く女性たちに話を聞いても、「最悪、売春だと認定されて入国拒否になったとしても、入国できない期間が設けられるだけで、そこまで大きなペナルティだと思わない」「海外で逮捕されたとしても、日本での生活に直接的に影響があるわけじゃないから」と楽観的だ。売春目的で個人で渡航する女性たちからは、「エージェントなどを介して組織的に渡航するほうが検挙されやすいはず。入国審査官も暇じゃないし、個人レベルの動きにそこまで注視しないと思う」といった声も聞かれる。

入国審査時に突っ込まれても大丈夫なように、対策は入念にする。それでも運が悪いと捕まる可能性がある。だがそればっかりは仕方がない、神のみぞ知る、という感じなのだ。

ワーホリから売春へ

また、ユウコさんのように、ワーキングホリデーのビザを取得して、現地で売春の仕事をする人もいる。ワーキングホリデーは本来、青少年に海外の異文化を理解する機会を与えるのが目的で、滞在費を稼ぐために一定のアルバイトを認めているという制度だ。

しかし近年、同制度は、受け入れ側の国にとっては〝労働力の確保〟、渡航者にとっては〝稼ぐための手段〟へと、目的が変化しつつある実態がある。

多くの先進国が深刻な人手不足に悩まされている現在、各国で人材獲得競争が激しくなっている。コロナ禍を経て、外国人労働者を積極的に受け入れる動きが世界中で加速し、各国でワーキングホリデーの受け入れ体制がより広がっているのも事実だ。

例えば、日本人のワーキングホリデーの行き先として最も人気の高いオーストラリアでは2019年、指定職種で6カ月以上の就労をしている人の滞在期間を1年から最大3年に延長。ニュージーランドでは、ワーキングホリデーによる受け入れを倍増させる方針が2022年に出され、カナダでも同様に、受け入れを20％増やす方針が2023年に発表された。少子高齢化が進み、人手不足が深刻な日本でも、外国人材の受け入れ推進を求める声は広がっており、国境を超えた人材獲得競争は今後さらに激化すると見られている。

こうしたなか、「ワーキングホリデーで渡航したはいいが、渡航先で思うように稼げない」という人がセックスワークに流れたり、「他の仕事より稼げそうだから」とあえてセックスワークを選ぶ人もいる。例えば「オーストラリアは売春が合法で稼ぎもいい」「ワーキングホリデービザで稼ぎに来たらいい」などと誘われ、語学学校に行って農場などで働くかのような書類を作成しながら、実際は売春をしているという例もある。

実は過去に、日本でも同様の動きが話題になったことがある。日本で韓国人女性が違法風俗にかかわる事件が頻発していた2014年、韓国人女性の日本へのワーキングホリデービザの発給の審査が厳しくなったと韓国現地メディア（聯合ニュース）が報じた。韓国では2004年に国内で売買春の取り締まりが強化されて以降、渡航先での不法就労問題が目立つようになったと言われており、現地メディアは、制度を悪用した韓国人女性への売買春と強制送還がビザ発給に影響したとの見方を伝えている。なお、オーストラリアでもワーキングホリデーで入国した韓国人女性が売春に及ぶケースは増え、両国間で対策が議論された経緯もある。

このように制度を悪用する例が相次ぐと、日本人女性へのワーキングホリデービザの発給に影響が出ることも十分想定される。

なぜ風俗嬢は海外出稼ぎに行くのか？

①日本経済の「一人負け」

出稼ぎを選ぶ女性たちを駆り立てるものは何なのか。取材を進めるなかで、3つの背景が見えてきた。

まず1つ目が「日本で仕事をするより、海外のほうが稼げる」という状況があること。日本ではバブル崩壊以降、〝失われた30年〟と呼ばれる景気停滞が尾を引いている。世界中でインフレが進行するなか、日本は賃金が長く上がらず、さらに円安も重なり、世界から「安い」と言われるようになった。この30年間で日本の国力は大きく低下し、世界経済における日本の存在感も弱まってきている。2022年には、日本の名目GDP（国内総生産）の世界に占める割合が約4％と、1980年以降で最低という結果になった。

図1（P163）は、2022年の年間平均賃金額をOECD（経済協力開発機構）諸国で比較したものだ。日本の賃金は4万1509ドルで、OECD平均の5万3416

図１　OECD諸国の年間平均賃金（2022年）

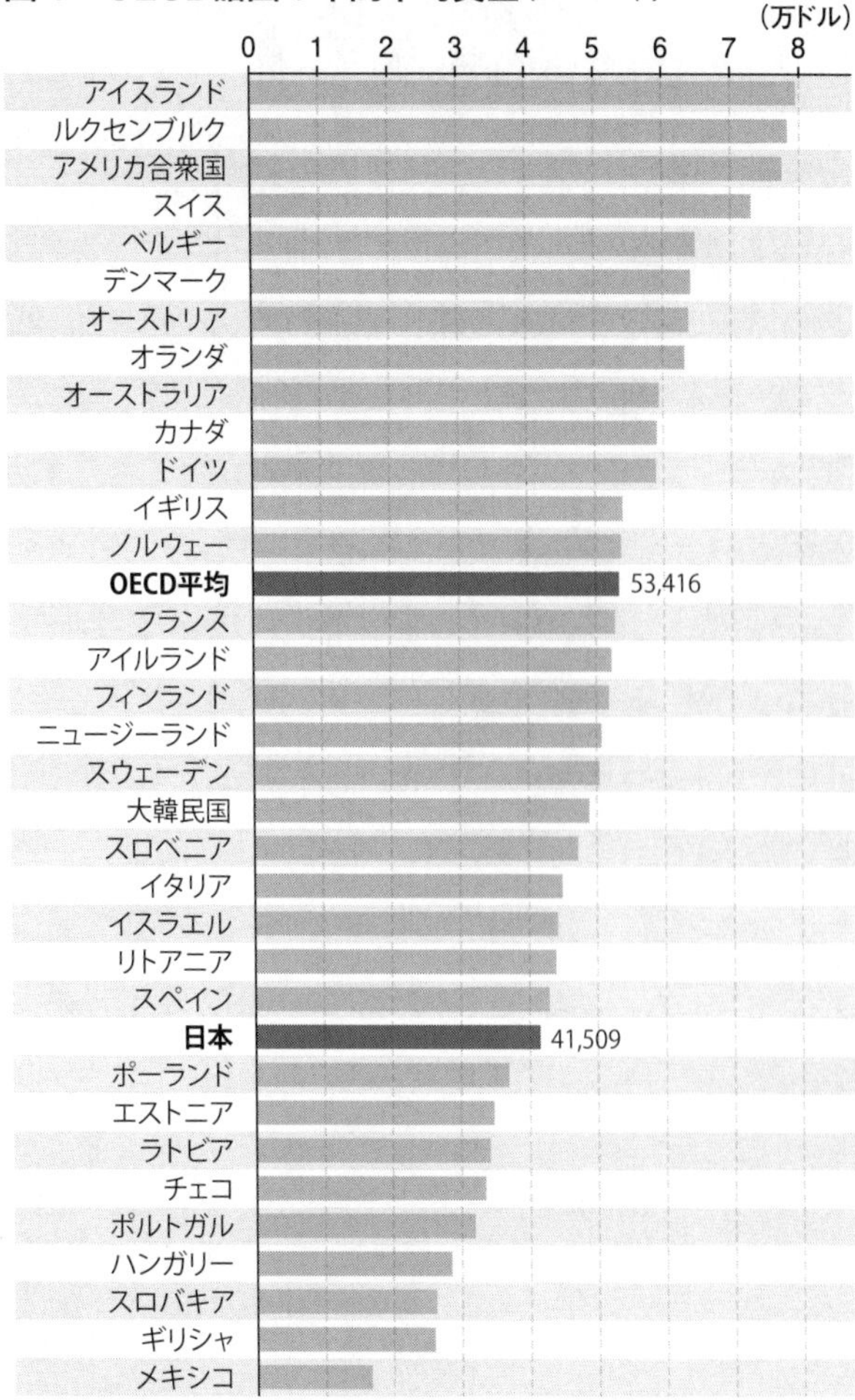

OECD, 平均賃金
https://www.oecd.org/tokyo/statistics/average-wages-japanese-version.htm（2023年11月20日参照）より編集部作成

ドルよりも2割以上低くなっている。日本の順位は調査対象の34カ国中25位という結果だ。さらに、主要7カ国（G7）の中では、日本の賃金が最も低く、アメリカの半分強でしかない。

図2（P165）は1997年の賃金を100とした時の、「現金給与額（月給、名目）」の推移を示したものだ。日本の賃金は1997年までは上昇し続けていたが、2000年代初頭のITバブル崩壊や2008年のリーマンショックなどにより、2009年まで低下傾向にあった。その後、横ばいを続け、2022年の数字は88とピーク時よりも10%も低くなっており、1990年代初頭と同程度の水準となっている。

経済支援をしてきた東南アジアと比較しても、日本の賃金のほうが安いというデータもある。日系企業の日本での年収と、タイにある全ての企業の年収の伸びを比較した調査（経済産業省「未来人材ビジョン」より）によれば、入社時は日本の賃金のほうが高いものの、課長レベルに達する前にタイが逆転。部長レベルになると、600万円近くも、タイにある企業のほうが年収が高い。

元国際通貨基金（IMF）エコノミストの宮本弘曉教授（東京都立大学）は、世界と比

図２　賃金の推移（1997年=100とした場合）

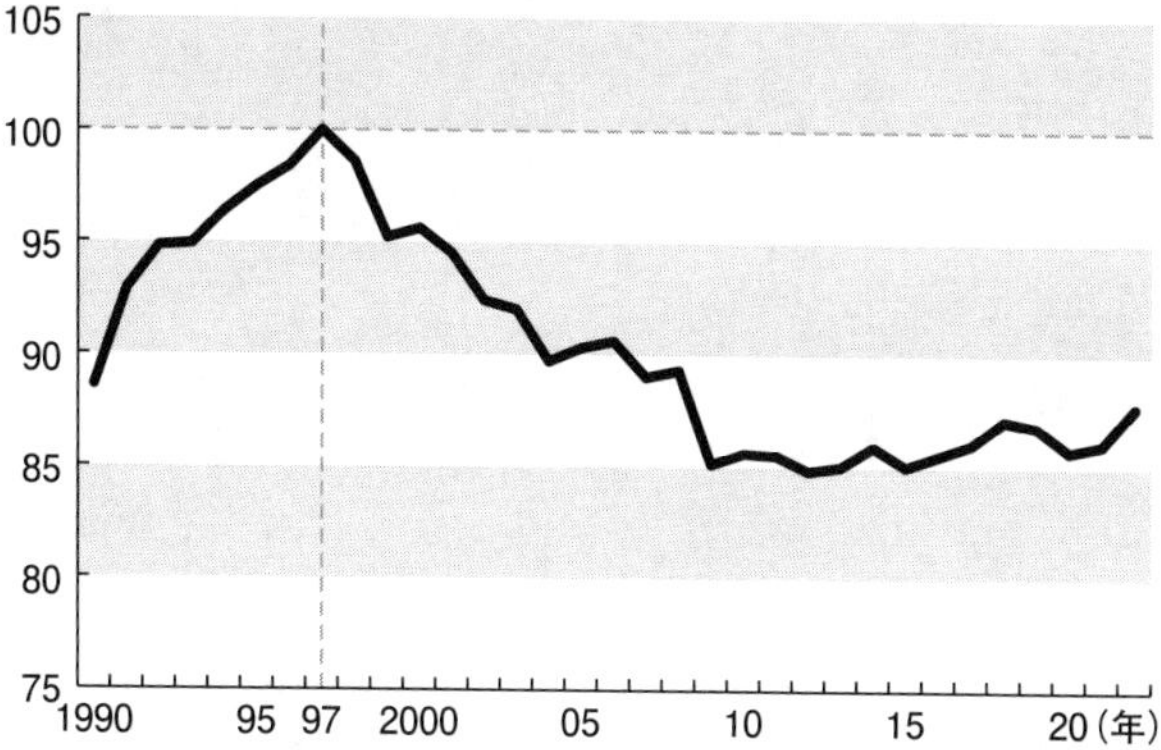

厚生労働省，毎月勤労統計調査（2023年11月20日参照）より編集部作成

べた日本の経済状況についてこう解説する。

「アメリカを始め先進国の多くは、モノやサービスの価格、賃金全てが緩やかに上昇するという、経済の好循環によって成長を遂げています。ところが日本はこの30年間、いずれも停滞したままで、先進国の成長モデルから取り残されている状況です。日本の賃金は１９９７年をピークに、この25年間ほとんど変わっておらず、こんなに給料が上がらない国は先進国を見ても他にない。日本だけが一人負けといっても過言ではない状況にあります」

こうしたなかで非正規雇用労働者の割合も増え、格差も広がっている。総務省の「労働力調査」によると、2022年の非正規社員の割合は36・9％と4割近くに迫り、リーマンショックのあった2008年の34・1％を上回った。特に女性は男性に比べて非正規雇用率が高く、未だに労働市場では不利な立場に置かれがちだ。実際に35～44歳の女性に至っては、48・4％が非正規雇用という結果もある。

賃金の差も大きい。厚生労働省「毎月勤労統計調査」によると、2022年の給与額（現金給与総額）は月額32万5817円、年額390万円となっている。就業形態別に見ると、一般労働者の月給は42万9051円、パートタイム労働者の月給が10万2078円となっており、両者の差は年間で約392万円に上る。若年層の非正規割合も高止まりが続いており、結婚や出産を諦め、少子化の要因になっているとの指摘もある。

こうした長年上昇しない賃金の問題や記録的な円安を背景に、日本を出て海外で働いてお金を稼ぐ〝海外出稼ぎ〟を考える動きは、性風俗業に限った話ではない。2023年2月には、NHK「クローズアップ現代」で、「〝安いニッポン〟から海外出稼ぎへ～稼げる国を目指す若者たち～」というテーマで特集が組まれ、放送された。同番組では、安定した職をも捨てて続々と海外に出稼ぎに向かう若者たちの姿が紹介され、〝若者の日本離れ〟が指摘されている。期間限定で働けるワーキングホリデービザなどを利用して海外でアルバイトとして働き始め、それをきっかけに就労ビザを取得して定職に就く例や、永住権を取得するケースが増えている傾向とともに、「日本の倍は稼げる」という海外出稼ぎの実態が紹介された。オーストラリアの農場で働く男性は、1日6時間の農作業で月収50万円を獲得し、介護施設で働く女性はアルバイトを掛け持ちして9ヵ月で270万円を貯金と、夢のある話に関心を持った視聴者も多かっただろう。

「長い間経済が低迷し、日本国内では給料が上がらない状況が続き、海外に行ったほうが稼げることが明白になっている。力のある人ほど、活躍の場を求めて海外に出ていくという心理は理解できます」（宮本教授）

性風俗業も然りで、出稼ぎを選んだ女性たちに話を聞くと、「もっと稼ぎたいから」というのが出稼ぎを決めた理由の筆頭に挙げられる。稼ぐ額はサービス内容や個人、国によっても変わってくるが、日本の一般的な単価と比べ、海外はおしなべて「約2〜4倍」というのが、出稼ぎに行く女性たちが口にする〝相場感〟だ。「日本と変わらない仕事内容なのに、海外のほうが圧倒的に稼げる」ということから、「もう日本で働くことは考えていない」と口にする女性も少なくない。

「もっと稼げるところへ行きたいと国外に目を向けるのは、国内であまりいい目を見られていない人でしょう」と話すのは、セックスワーカーの研究を続けている青山薫教授（神戸大学）だ。青山教授は、90年代初頭のバブルの終わり頃、日本に働きに来たタイ出身のセックスワーカーに聞き取りをし、論文や著書として発表した経験がある。当時は、日本円とドイツマルクの貨幣価値が高かったため、その2カ国が特に人気の渡航先だったという。

「極めて貧困状態の人は、渡航費用を借金する先もなく、国外に行くのは非現実的」とするが、「〝借金する先があって、頑張ったらこの状態から抜け出せそう〟という生活水準の人が、海外で挑戦してみようと背中を押されやすい。現在の経済的社会的な環境の影響から、日本人が海外に出稼ぎに行く時代になったということは、一生活者としても実感するところがあります」（青山教授）

②国内性風俗の「低価格化」

2つ目が、性の売買がカジュアル化し、低価格化が進んでいる現状だ。性風俗業に従事する女性たちに話を聞くなかで感じたのが、「止むに止まれぬ事情があって、〝仕方なく〟性風俗の仕事をしている」というよりは、「効率的に稼ぎたいから、〝あえて〟この仕事を選んでいる」というスタンスである。

実際に女性たちからは、「これだけ融通が利いて、短時間で稼げる仕事は他にない」「朝9時から夕方5時まで机に向かう仕事より、短時間集中型の性風俗の仕事が自分には合っている」「期間限定で目標を持って働くには、悪くない働き方だと思う」など、性風俗の仕事を前向きに捉える声が多く聞かれた。無論、「親や友人には言えないけど」「堂々と人に言える仕事ではないことはわかっているけれど」といった枕詞は付くものの、性風俗の仕事について、無理してポジティブな発言をしているのではなく、率直な意見として、あっけらかんと話しているように見える。

昨今の性風俗業界についてまとめられた『日本の風俗嬢』（2014年、中村淳彦著）でも、「風俗嬢たちは自らの仕事をポジティブなものとして捉えるようになってきた」との記述があり、「どこにでもいる一般女性がポジティブに働いている。高学歴の者もいれば、家族持ちもいる。これが現在の普通の光景である」とある。90年代から性風俗関連の取材を続けてきた中村さんの感覚で言えば、〝ブルセラ世代〟と呼ばれた1980年代生まれが20歳になった2000年あたりから、性の売買に抵抗のない女性が急増したという。

その後、現在のように性風俗関連の仕事をポジティブに捉える女性が本格的に増えたのが、2008年のリーマンショックで雇用が本格的に壊れてからのこと。90年代までは性を売る行為は〝転落の象徴〟であり、大多数は「そこまで落ちたくない」という意識がまだ根強かったものの、リーマンショック以降は「自分の才能や技術に対して、男性客が安くはないお金を払ってくれている」、「誰にも頼らずに生きているのだから、私は平均的な女性と比べても勝っている。むしろ上層にいる」という意識が女性たちに見られたという。2000年代以降は友人の紹介や、求人サイトを通じて自分の意思で応募をしたり、繁華街でスカウトされたりと、「多くの女性が性風俗にポジティブに足を踏み入れている」とある。

その結果、「国内の風俗で思うように稼げない人が増えている」と話すのは、性風俗で働く女性を対象にした無料の生活・法律相談事業を行うＮＰＯ法人「風テラス」理事長の坂爪真吾さんだ。坂爪さんによれば、国内の風俗店が増加した結果、そこで働く女性も増え、需要と供給のバランスが崩れていることで、風俗の低価格化に拍車がかかっているという。さらにネットを通じ、誰もが風俗の求人情報にアクセスしやすくなった影響もあり、「風俗の仕事以外でも十分に稼げる人たちが、風俗業界に入ってくるようになった」傾向も見られている。

「ここ20年ほどで、国内の風俗の単価はぐっと下がり、以前のように誰もが稼げる仕事ではなくなってきています。それでも一般社会での昼職よりは稼げるとあって、育ちも良く学歴もあってコミュニケーション力も高いような人が、風俗業界に次々と入ってくるようになりました。ネットで〝自分の地域名＋高収入〟などで求人を検索すると、デリバリーヘルス（デリヘル）などの風俗の仕事が多数ヒットします。こうして誰もが簡単に風俗の仕事にアクセスできるようになったのも、流入が増えている要因の一つでしょう。競争が激化するなかで、稼げる層と稼げない層の二極化が生まれています。特に後者の人にとって、高額な海外出稼ぎの案件は、リスクがあったとしても飛びつきたく

なるのかもしれません」（坂爪さん）

坂爪さんは、海外出稼ぎに行く女性について「黄金期を経て、稼げなくなったアラフォー女性が、海外に目を向けているのでは」とも推察する。1999年に改正風営法が施行されて以降、現在に至るまで都市部を中心に無店舗型のデリヘルが急速に発展するが、2000年代初頭はまだ店舗型風俗店、いわゆる箱ヘルが主流だったこともあり、今よりずっと歓楽街に活気があった。今のアラフォー世代は、そうした2000年代初頭に20歳前後だった世代で、年齢的に最も稼げる時期と活気ある時代とが重なったいわば〝黄金期〟を過ごした世代でもある。

「しっかり稼げた黄金期を過ごした世代で、〝昔ほど稼げなくなったけど、収入は下げたくない〟という人が、今海外に目を向けているのではないでしょうか」（同）

確かに、日本の性風俗マーケットは〝18歳から24歳前後がもっとも稼げる年代〟とも言われるくらい、年齢至上主義の世界であることは紛れもない事実だ。筆者の感覚としても、海外出稼ぎを考える女性たちは、性風俗の仕事を前向きに捉え、日本でも一定の〝成功体験〟を持ったうえで、「もっと稼ぎたい」「もっと成功したい」と考える傾向があるように感じた。もっとも話を聞いた女性たちに限っては、「稼げなくなったから」というよりは、「日本でも一定稼げているけど、もっと稼ぎたいから」という理由が多かった。

自身も風俗業界で働いた経験を持ち、性風俗業で働く人々を支援する当事者団体「SWASH」メンバーの要友紀子さんは、こう話す。

「性風俗業の日本人女性が海外に出稼ぎに行く動きは、10年ほど前から少しずつ見られています。彼女たちは日本で稼げなくて生活に困っているというよりは、日本でもある程度稼いでいた人たちが、〝より稼ぎたい〟と本気で稼ぎに行っている。だから精神的にも相当タフで、行動力のある人が多い印象です」

昨今は風俗業界でもオンライン面接が多くなり、国内のみならず、海外の店で働く場合も、リモートで手軽に面接が受けられる。セックスワークの場合、現地の言葉がそこまで話せなくても、仕事を得ることができるのもハードルを下げる要因の一つだろう。

もちろん、性風俗の仕事に抵抗感を持ちながらも、何か事情があって従事せざるを得ない人も多くいる。性風俗業の女性からの法律相談を受けている前出の坂爪さんによれば、生活費や学費の支払い、借金の返済などの理由でやむをえずこの仕事を選んだ、という相談者の女性が多いという。相談者には、キョウコさんのようなホスト狂いの女性も多く、「溜まったツケの返済に困っている」「返す気はあるのだが、お金がなくて返せない」という相談が毎週のように寄せられているという。

相談者の借金額は50万～300万円であることが多いが、なかには500万円を超えるツケを抱えている人もいる。返済に困った女性の中には、ホストから「海外で稼ぐという手段がある」と持ちかけられ、借金返済のために出稼ぎに行く例も見られる。

「ホストクラブで女性にお金を使わせ、借金を作らせて、風俗の仕事を紹介するという一連の流れができてしまっている。既に風俗の仕事をしている女性には、〝自分の知っているお店のほうが、今よりもっと稼げるよ〟と誘導する。女性を紹介したホストには、キックバックで紹介料などが入る仕組みで、こうしたサイクルによって一種の経済循環が生まれているとも言えます」(坂爪さん)

③SNSの発達

そして3つ目が、SNSを始めとした、個人同士が直接的につながることができるテクノロジーの浸透だ。店に所属する風俗嬢も、ツイッター(現・X)などで積極的に集客を図るのが当たり前になった今、店を介さずとも個人で客に直接アプローチできる。

さらにSNSの広がりによって、海外のセックスワーカーの動きが可視化しやすくなり、影響を受けやすい状況も生まれている。かつてブログが盛んだった時代には、ブロガーが大きな影響力を持っていたように、現在はユーチューバー、インスタグラマー、ティックトッカーなど、各種SNSにそれぞれ影響力の高いインフルエンサーと呼ばれる存在がいる。こうした何万人ものフォロワーを抱えるインフルエンサーの中には、世界を股にかけて仕事をするセックスワーカーのアイコン的な存在もいる。そうしたセックスワーカーは、どこか特定の店に所属して働いているのではなく、さまざまな国で個人で客を取って仕事をするスタイルの人も多い。こうした動きをSNSなどを通じて知り、「自分も海外でこんなふうに働いてみたい」と考える日本人女性もいるようだ。

ミドリさんもそうした一人で、日本の風俗店で働いている時から、海外の有名なセックスワーカーの女性のアカウントをフォローし、動きを追っていた。都内の風俗店に所属し、仕事で裁量がない自分に対し、その女性は個人で自由に働いているように見えて、うらやましさを覚えるとともに、自然と憧れに似た感情を抱いた。同時に、日本では風俗の仕事にこれ以上の先がないように感じていたが、同じセックスワークの仕事で海外で働く道があることを知り、活路を見出したような気持ちにもなったという。

加えて、エージェントやスカウトを名乗る人物らから、SNSを通じて海外出稼ぎの情報を得やすくなった。詳しくは後述するが、今エージェントやスカウトらが、出稼ぎに行く女性の勧誘を行う〝主戦場〟は、圧倒的にSNS、特にツイッターだ。無料で不特定多数に発信できるツールとあって、日々さまざまな出稼ぎ案件が更新されている。女性にとっては、手軽に情報が得られる一方、「無理なく、桁違いに稼げる」といった甘い口車に乗せられ、安易な考えで出稼ぎを実行してしまう人も増えているようだ。

海外出稼ぎエージェントからの返信

SNSを通じて、海外出稼ぎの勧誘活動が盛んになっている実態を、もう少し掘り下げよう。女性たちに勧誘活動を行うのは、主にスカウトやエージェントを名乗る人物たち。こうした人物を介して、海外に出稼ぎに行く動きが顕著になってきている。

例えば、ツイッターで「海外出稼ぎ」のワードで検索すると、海外出稼ぎの案件を紹介するアカウントが多数ヒットする。「月に500万円以上稼げる」「日本のようにノルマもなく、働きやすくて稼げる」「あまりに稼げるので、一度行ったらリピートする人が多い」など、甘い勧誘文句がずらりと並び、日々たくさんの案件情報が更新されている。

また、エージェントやスカウトを介して海外出稼ぎに行ったという女性を名乗るアカウントでは、「短期間でこんなに稼げた」という話が、大量の現金の写真や海外のリゾート写真などとあわせて投稿され、「海外出稼ぎに行ったらこんなに稼げる」「稼いだお金で海外で遊べて最高」と、より出稼ぎを煽るような動きも散見される。嘘か本当か、収入を報告するメールのスクリーンショット画像とともに、「こんなに稼げるとは思いませんでした！」「手厚くサポートしてくださって感謝しています」「お店の人も協力してくれるし、わからないことはわかるまで何度聞いても教えてくれる」などと、エージェントやスカウトに対する感謝を綴る投稿も数多い。

こうしたエージェントやスカウトを介して、実際にどれだけの女性が海外出稼ぎに行っているのか、正確な人数は定かではない。だがSNSによって、ごく一般的な生活を送る人までもが、海外出稼ぎの勧誘情報にアクセスしやすくなっているのは事実だ。「未経験でも、英語が話せなくてもOK」「サポート体制が万全なので、安心して海外出稼ぎができる」など、一見「初心者でもできるのかも」と思わせるような書きぶりをしている投稿を見て、「行ってみようかな」「私にもできるかも」と思う女性が出てくるのは不自然ではない。

実際に、こうしたエージェントやスカウトたちに問い合わせると、どんなやり取りが発生するのだろうか。それを知りたくて、スカウトやエージェントを名乗る複数のアカウントに、海外出稼ぎを検討している女性を装い、共通のメッセージを送ってみた（多くのアカウントは、ラインでのやり取りもできるよう、ラインの追加ができるURLを共有していたり、DMで直接問い合わせができるようになっている）。

聞いたことは、①入国してからの主な流れ、②仕事内容、③怖い目に遭う危険性、④入国時のリスクはないか、⑤支払いはいつどういった手段になるか、⑥今稼げる国、⑦リスクの高い国とその理由、⑧英語の必要性、⑨海外出稼ぎに行く人の平均的な期間と接客人数、平均収入、⑩ノルマの有無だ。
ここでは2人からの返信を紹介しよう（※は著者）。

【「海外出稼ぎ専門」を名乗るスカウトA氏からの返信】

初めまして、Aと申します！
お問い合わせありがとうございます。質問にお答えさせていただきます！

①入国してからの主な流れ
基本的に空港までお店の人が迎えに来てくれるので、車に乗ってお店や泊まるホテルなどに移動して、準備ができたら勤務開始になります。

②仕事内容
日本でいうソープと同じで、お店を介して働くことになります。インコール、アウトコールと呼ばれる、部屋で仕事をするタイプと、お客様のところに行くタイプに基本的には分かれます。

③怖い目に遭う危険性

前提として危ないと思われる国には僕は紹介しません。ただ、お客様が酔っ払って乱暴なプレイをされたなどは事実としてあります。しかしよく見かける拉致られるとか薬漬けにされるとかは、僕は一度も経験したことがありません。万が一、客が暴れた、乱暴なことをされたなどがあれば、お店のボスやスタッフが然るべき対応をしてくれます。また、そのように対応してくれるエリアやお店をピックアップさせていただきます。あとは、僕とエージェントでもそういった問題が発生した場合には、しっかりとサポートさせていただいております。

④入国時のリスク

逮捕などのリスクはありませんが、入国を拒否される場合があります。拒否されるとその時点で日本に帰ることが確定するのと、入国拒否された国には一定の期間を空けないと入国できなくなります。不法入国と疑われた時に別室に連れて行かれることがあるのですが、別室対策も準備として取らせてもらっています。

⑤支払いのタイミングと手段

帰国される前に海外から日本へお金を送金する依頼をするのですが、僕は女の子が帰国してから、1~2日で都内で直接手渡しとしております。

⑥今稼げる国

女の子のレベル（容姿、スペック、肩書き）によって若干提案する国は変わりますが、一般的なところですと、アメリカ、オーストラリア、カナダが一番無難な選択肢になります。

⑦リスクの高い国

現状では自分が案内した女の子が捕まったり、誘拐されたなどはありませんが、東南アジアの一部の地域は、他の国に比べて安全とは言えない場所もあります。

⑧英語の必要性

話せなくても全然お仕事はできますが、話せたほうが稼ぎが上がるのは事実です。また、入国する際には簡単な英会話は話せるようにしておいたほうが良いです（動画を見ればすぐにわかります）。

⑨期間、接客数、収入

期間は2週間～1カ月が一番多いかと思います。接客数はお店と女の子によるので一概には言えないです。収入は低く見積もって、アベ（※1日の平均給料）15～25（※15万～25万円）で考えておくといいかと思います。

⑩ノルマの有無

ノルマはありません。

【「海外出稼ぎエージェント」を名乗るB氏からの返信】

ご連絡ありがとうございます！

一つ一つお答えさせていただきます！

①入国してからの流れ

お店によっては空港まで迎えに来てくれます（たまに自分で行かなければならない国もあります）。現地のお店についたら、簡単に仕事の流れについて説明を受けます。それからすぐにお仕事といった流れになります！

②仕事内容
お仕事内容は、マットなしソープのNSになります！
（※NS＝ノンスキン＝コンドーム未着用の略）
③怖い目に遭う危険性
たまに無理やりやろうとしてくるお客さんはいます。高級店ですと、それは少ないです。アメリカで一度、店に銃を持った強盗が入る事件がありましたが、女の子には何もありませんでした。
④入国時のリスク
入国の際にちゃんとした準備をしてないと日本に帰されることはありますが、逮捕はありません。
⑤支払いのタイミングと手段
支払いは現地でお仕事終わりにいただけます！　ただ持ち帰ってくるのに大金は危ないので、送金や自分で海外口座を作って持ち帰ります。この際、送金を選ぶ場合は、持ち逃げされる可能性もあるので、ちゃんとAG（※エージェント）、スカウトを選ぶ

ことをお勧めします。
⑥今稼げる国
アジア等もありますが、やはり一番強いのがアメリカです。オーストラリア、カナダも稼ぎは強いです！
⑦リスクの高い国
ドバイ、シンガポール、香港、イギリス、ラオス
こちらは逮捕されるリスクがある国です！
⑧英語の必要性
話せるに越したことはないですが、話せなくても大丈夫です。
⑨期間、接客数、収入
行く国、女の子にもよりますが、例えばオーストラリアで1日6〜12人で、大体1500ドル〜3000ドルです。
⑩ノルマはあるかどうか
ノルマ等、写メ日記（※ネット上で公開する写真がついた日記、風俗店の主な宣伝ツール

の一つ）もないです。仕事も「明日休みます」もOK、途中でお休みもOKです。

A氏、B氏ともに、返信は問い合わせを送った当日中と早かった。二人の話を踏まえると、行き先として「無難」で「稼げる」のは、アメリカ、オーストラリア、カナダの3カ国のようだ。入国審査時に対策をしていないと、入国拒否になる可能性があることも示唆している。また、自分たちを介在させるメリットとして、怖い目に遭ったりトラブルが起きた時にサポートすること、そもそもトラブルが起こらないような店を選んで紹介することに加え、信用できるエージェントやスカウトを選んで送金しないとリスクがあることを示している。不慣れな人ほど、「彼らを通したほうが何かと安心なのではないか」と思わせるポイントを突いている印象だ。

無論、メッセージのやり取りだけでは十分な説明とは言えないが、返信には「直接都内で面談なども可能ですので、良ければご相談ください」「ラインなどで電話も可能です」とも添えてある。「少し検討してみます」と返すと、「かしこまりました」「ご連絡お待ちしております」との返事があり、その後は特に催促などもない。問い合わせを送ったが最後、「その後、いかがですか？」「稼げるから早く行ったほうがいいですよ」など、鬼のように営業メッセージが来るのではと内心案じていたので、ちょっと拍子抜けした感もあった。

彼らのツイートを見ると、「あまりに海外出稼ぎの問い合わせが多くて、返信に少々お時間をいただいております」「早めの返事をご希望の方は、ラインのほうが早いので、ラインからお問い合わせをお願いします」など、見るからに多忙そうだ。

それが本当なのかどうかは不明だが、「聞かれたことに答えるのみ」という姿勢を見ると、あながち問い合わせを受けた人に対し、事後フォローをしている時間などないのかもしれない。

仕事内容とリスク

海外出稼ぎに行った女性たちからの話も総合すると、海外での仕事のスタイルは、大きく3つに分かれる。1つ目が、店が用意した部屋に女性が待機し、客が部屋にやってくる「インコール」。2つ目が日本でいうデリヘルのように、女性が客の滞在しているホテルや自宅などに行ってサービスを行う出張型の「アウトコール」。3つ目が「店舗型」で、売春宿や日本でいうソープランドのようなサウナ、マッサージ店を装う風俗店、「KTV」と呼ばれるカラオケ付き風俗店など、国や地域によって形式が異なる。これらは特定の店で働くうえでのスタイルで、個人で動く場合には、自分で用意した場所に客が来るインコールか、出張型のアウトコールが多いようだ。

海外では、日本のように多種多様なジャンルの本番類似行為を提供する風俗店があるのではなく、本番ありが前提の店が基本。日本人女性がエージェントらを介して働く店舗型の店は、中国人がオーナーで、客のメインも中国人という場合が多い。

エージェントなどを通して出稼ぎに行く日程は、観光ビザの有効期限や店などに応じて変わるものの、アメリカ、カナダ、オーストラリア：10日〜3カ月間、香港：5日〜2週間、台湾：10日〜1カ月間、マカオ：5日〜2カ月間、その他アジア：5日〜が目安とされる。

出稼ぎに行くメリットとしてよく謳われるのは、①日本より稼げる、②過度なサービスをしなくても良い、③日本人という需要が高い、④身バレのリスクが低いという点だ。

だがどのポイントも、国や女性、働く店や客などによって左右される部分が大きく、いずれも蓋を開けてみると全く違ったということも十分にありうる。

1部で登場した女性たちの多くは、「海外で稼げた」という成功体験を持った人たちだ。だからこそ、取材に応じてくれた部分も大きいかもしれない。

だが海外出稼ぎは、稼げる例ばかりとは限らず、命に関わる危険を伴う可能性も十二分にある。性風俗業で働く当事者を支援する前出の要さんも、「これまでは海外から日本に出稼ぎに来る女性たちの相談が多かったのが、最近は海外にセックスワークに行った日本人が、現地でトラブルに巻き込まれるなどして相談がくるようになった」と話す。

友人に紹介されてオーストラリアで出稼ぎをしたヨウコさんも、接客中に客から乱暴を受けた経験があるが、「薬物中毒の客に薬漬けにされた子がいる」「プレイ中に暴力を振るわれて大怪我を負った子がいる」「レイプされた子がいる」「マフィアが経営している店で、女の子たちが寝泊まりしているシェアハウスに泥棒が入り、金銭を全て盗まれたけど、泥棒は経営者の手下だったらしい」などの話を耳にしたことがあるという。真偽のほどは不明ではあるものの、SNS上では「客に薬物を強要された」「ビザを没収され、軟禁状態で労働させられた」「出稼ぎに行って、帰ってきていない子がいる」、はたまた「目をえぐられた」「体内に電球を入れてかち割られた」といったショッキングな話も散見される。

ラオスでの人身売買

実際に、2023年には外務省が注意喚起を促す事態も起こっている。場所は、ラオス北西部のボケオ県（タイ、ラオス、ミャンマーの国境地帯）にある経済特区「ゴールデン・トライアングル（金三角）」。かつて世界最大の麻薬密造地帯として知られた場所だ。現在は中国資本によって開発された経済特区として、カジノ（キングス・ロマン・カジノ）を中心に栄えている。中国本土さながら、人民元が流通し、町の看板も、話す言語も中国語。客の中心は、中国内陸からやってくる、中国人の富裕層だという。同地区は、米財務省も「人身売買や麻薬取引、希少生物の売買など、数々の違法行為の舞台になっている」と指摘している超危険地帯なのだが、2023年、この地区での高額出稼ぎの案件情報がSNSなどを介して、日本でも広く出回った。

ラオスでの出稼ぎ案件を紹介するスカウトらのツイートを見ると、「経済特区での超高額案件」「20日間で250万円」「日給15万円」「単価60分3万円〜」「ビザ、航空券代は全額支給」などとある。さらに「25歳以下」「スペ105〜（身長−体重＝105〜）」「色白」「日本人顔で美人」などの条件面が記載されている投稿もある。入国においては「30日間の観光ビザ取得必須」とあるため、観光ビザで不法就労をする前提だろう。「滞在日数は基本30日、最大90日」とあり、「給料は帰国時に持ち帰り可能」とのことだが、最後まで働き切ったとしても、確実に給料をもらえる保証はどこにもない。

在ラオス日本国大使館は次のような注意喚起を出し、邦人が事件に巻き込まれないように呼びかけている。

1　最近、ミャンマー及びタイと国境を接しているボケオ県の経済特別区において、高額な報酬等の好条件を提示してラオスに渡航させた後、実際は自由を拘束し違法活動に従事させるという、外国人を被害者とする求人詐欺が多発しています。

2　ラオスでは治安当局による取り締まりや捜査能力が十分ではないことから、上記1の状況に陥った場合、治安当局による救出や解決が容易ではない事情があります。

3　つきましては、特にSNSや知人等から上記1のような求人情報を得た場合は、上記情勢を十分理解し、騙されないように十分注意してください。

（2023年4月発表）

こうした注意喚起が出された2023年、ラオスに出稼ぎに行ったというのが、キョウコさんだ。タイのラオス国境の町から1時間ほどタクシーに乗り、メコン川を渡ってラオスに入国し、経済特区に入った。キョウコさんが滞在したのは、カジノがあるエリアではなく、マンションやマンスリーホテルなど、団地のような高くて大きな建物がいくつも建つ、住宅地と商業地が混ざったようなエリアだったという。

仕事は、基本的には客がいる場所に出向くアウトコールで、中国人客の接客をする。経済特区の同じエリア内に住んだり滞在している中国人客がほとんどなので、移動時間はそこまでかからない。客から指名があったら出向いて仕事をし、仕事がない時は部屋でYouTubeを見たりして過ごす。食事は基本的に中華料理ばかりで、24時間のデリバリーサービスを頼むか、近くのスーパーで買って食べていた。

「あまり客がいなくて暇で、部屋の中でずっとYouTubeを見てました。滞在しているホテルがあるエリアから自由に出られないのもあって、行く場所も特にないし。その後、もっと広い店にも移ったんですが、めちゃくちゃ人が多いのと、環境も汚くて嫌だったので、無理だと思ってすぐやめました。さっさと帰国したから、ラオスに行ったのは、トータルで2週間弱だったかな」(キョウコさん)

ラオスの出稼ぎは、「行くと強制労働させられる」「ほぼ奴隷契約に近い求人」などと一部メディアでも報道されていたものの、「私が行った案件は全く強制労働ではなくて、仕事は全然自由だった」と話す。

「ラオスでは滞在してたホテルにボス(中国人)の部屋があって、〝暇だったら遊びにおいでよ〟って言われて行ったんです。そしたらオーナーが自分用にマッサージとか耳掃除のサービスを頼んでて、〝あんたもやる?〟って。一緒にご飯食べたり、リラックスしてダラダラ過ごしたり、中国人らしいラフさっていうのかな。少なくとも私は、強制される感じは全然なかったです」

現地で働く店や案件にもよるのだろうか。キョウコさんの場合は「ラオスは稼げないし危ないからお勧めはしないし、二度と行くことはない」としながらも、怖い目に遭うことはなかったという。

斡旋業者とのトラブルも多い

スカウトやエージェントとの間で、トラブルが発生することもある。条件や内容が当初と変わったり、連絡がつかなくなったり、帰国時や帰国後にもらえるはずの報酬が渡されない、法外な手数料を取るなどのトラブルだ。SNS上でもトラブルを報告する投稿は散見され、「このアカウントの人物は要注意」「騙されないで」などの注意喚起も見られる。取材した女性たちからも、エージェントの個人名を挙げて、「この人たちは女の子たちから搾取すると有名です」といった話を聞いた。

だがそもそも、無数にあるスカウトやエージェントらの発信の中から、どれが信頼できる情報なのかを見極めるのは至極困難だ。相手の正体も見えず、嘘も本当も入り混ざる、何を判断材料として良いのかもわからないSNSの世界である。キョウコさんのように、これまでの経験から自分なりに編み出した基準を設けてエージェントを選んでいる強者もいるものの、実際は一体どうやって選んだら良いのかわからないという人のほうが多いだろう。

こうしたこともあってか、スカウトやエージェントを名乗るアカウントでは「ツイッターは嘘がたくさん出回っています、信頼できるのは僕だけ」「他の誰より知識があります」「〝なんちゃってエージェント〟を使うぐらいなら僕にご連絡ください」など、「我こそは信頼できる」といったアピール合戦が繰り広げられている。

決して少なくはない手数料を支払ってでも、スカウトやエージェントに間に入ってもらうメリットには、「わからないことを聞ける存在がいる」「出稼ぎのサポートをしてもらえる」といったことに加え、「自分に合った店を紹介してもらえる（可能性がある）」という点が大きいようだ。海外で働いた経験がない女性側の心理で言えば、〝海外で自分に合った店なんてどうやって探せば良いの？〟と考えるのが自然だろう。ましてや英語が話せないとなれば、なおさらのことだ。

こうした心理をつくように、エージェント達は「大事なのは、その子に合った店選びなんです。それぞれに合ったお店をご提案します」「稼ぎが上がらない子がいたら連絡ください。かなりお手伝いできると思います」「稼げなかった子が、自分の紹介した店で思いっきり稼いでいるのを見ると、涙が出るほど嬉しいです」「稼げたら女の子のおかげ、稼げなかったら自分のミス。もっとみんなが安定して稼げるように頑張るのが僕の役目です」など、〝稼ぐためには自分に合った店選びが重要〟であることを強調したうえで、〝自分を通せば、それぞれに合った店を紹介できる〟とアピールする。

加えて、困った時や現地でトラブルになった時のサポートや、入国対策の指南など、〝わからなくても万全の体制が整っているから大丈夫〟だとも強調している。例えば「入国審査対策もしっかり最後まで念入りにチェックさせてもらったから一安心。長いフライトだけど頑張ろうね！」「別室に呼ばれた時の対策も、出国前にバッチリお伝えします」「入国時、挙動不審やモタツキはNG。ダミーホテルから携帯対策、スケジュール組みまでサポートします」「0－10までサポート、即レスをモットーにしてます」などと寄り添う姿勢をアピールし、海外出稼ぎについてよくわかっていない人でも、〝この人たちを通しておけば安心なのかな〟と思わせるような投稿が目立つ。実態がよくわからないものの、漠然と海外で稼いでみたいと考える女性たちは、リスクをよく理解できていないまま、半ば一か八かに賭ける形で、エージェントやスカウトを頼るという構図なのではないだろうか。

本当の危険性を理解しているか

「海外での売春が危険である最も大きな理由は、捕まるようなことをした時に、自分を守る権利を行使するのが難しいこと」と指摘するのは、前出の青山教授だ。売春が非合法で、それが当局に見つかった際、日本のように、逮捕されてそのまま留置所などに拘留される国は珍しくない。現地の言葉が話せない場合や、誰に助けを求めたら良いのかわからない場合などは、法的手続きに即した解決に至るまで、長い道のりになることも当然ある。

「出稼ぎを選ぶ人は、得られるお金の多さや、身バレの危険が少ない、日本で売春するより海外のほうが気が楽など、自分が思い描く〝明るい未来〟とリスクとを天秤にかけ、賭けに出るのだと思います。ただ現状では、リスクをしっかり認識して天秤にかけているというよりは、〝ちょっとやってみよう〟程度のノリの人が多いようにも感じます」（同）

なお外務省のホームページによれば、海外で逮捕されると、まずは滞在先を管轄する在外公館（日本大使館または総領事館）への連絡を求めることになる。在外公館では本人との面会や連絡を通じ、必要に応じて法的手続きに即した解決が図れるよう、弁護士や通訳に関する情報を提供するほか、家族との連絡を支援する。また、不適切な扱いを受けている場合は、関係当局に改善を求めることができる。だが釈放や減刑の要求を始め、弁護士費用や保釈費用等の負担や保証、取り調べや裁判における通訳や翻訳を行うことはできない。

言わずもがな、性風俗の仕事は、性感染症のリスクも付いて回る。日本でもここ数年で急増している梅毒を始め、HIV感染症、淋菌感染症、性器クラミジア感染症、性器ヘルペス、毛ジラミ症、B型肝炎、C型肝炎などだ。もちろん、性感染症以外でも、万が一体調を崩した時に現地で病院を受診できるのか、受診時の会話は問題ないか、さらに現地での治療費を負担できるのかといった点も大事だ。

現地に外国人の出稼ぎセックスワーカーが頼れる支援先（セックスワーカーの支援団体など）があれば、もう少し手厚い支援を受けられる可能性もある。例えば、ビザについて相談したい場合や性暴力被害に遭った時などは、外国人も対応可能な弁護士や行政書士につないだり、性感染症などの病気が心配な場合には医師につないだりしてくれる。

しかし前出の要さんによると、海外に拠点を置く支援団体で、日本語での対応が常時可能な団体はほぼ存在しない。そのため、現地の支援団体から「今、警察に連行された日本人のセックスワーカーが、セックスワーク経験のある支援者と日本語でのコミュニケーションを希望している」と問い合わせが入ることもあった。現地の支援団体が日本人のセックスワーカーをサポートしようにも、その人が英語を流暢に話せなければ、特に精神的ケアが難しいためだ。

「各国にある私たちのような支援団体には、不法就労の外国人労働者でも対応してくれる病院情報や、困った外国人セックスワーカーが相談を受けられる各種専門家とのパイプがあります。ただ専門家なら誰でも良いというわけではなくて、セックスワーカーに対して理解がある人であることが必須。それぞれの団体が、専門家とどれぐらいのつながりがあって、どこまで支援をしてくれるかは、国や地域によっても変わってきます」
（要さん）

今の出稼ぎの動きを踏まえると、万が一の場合に備えて、現地にこうした支援団体がどれだけあるか、連絡先も含めて把握している日本人女性は、おそらく一握りもいないのではないだろうか。そもそも支援団体の存在すら知らない場合も多いだろうし、いざ困った時にリサーチしたとして、適切な支援団体にアクセスできる保証はない。

「現地で支援情報をきちんとアウトリーチできている支援団体がいればアクセスしやすいでしょうが、セックスワークが違法な地域になると、団体も表立っての活動がしづらく、存在が見えにくい。チャイナタウンやコリアンタウンなど、海外でも移民コミュニティがしっかり存在している国であれば、同じ国から来た者同士での情報交換も活発だと思いますが、日本はまだまだ海外での移民コミュニティが少なく、今は出稼ぎに行き始めた初歩の時期。ちょうど犯罪に巻き込まれやすく、騙されやすい時期です。これか

ら出稼ぎの日本人女性が巻き込まれる事件が次々と出て来るのではと危惧しています」（要さん）

心理学を専門とする諸井克英名誉教授（同志社女子大学）は、出稼ぎに行くメリットとして謳われること（P188）について、「いずれも自分にとって都合の良い解釈で、思い込みに過ぎないこともある」と強調する。

「お金と引き換えに嘘をつくことのリスクを改めて考えるべき。〝私はお金のために嘘をついて、売春したことがある〟という思いを一生抱えて生きていくことになり、いずれそれがトラウマになる可能性もあります。自分で自分を苦しめることのリスクも含めて考えてほしい」（諸井名誉教授）

性風俗業は「カウンセリング」？

取材を通じて話を聞いた女性たちが口を揃えるのが、「今の仕事は期間限定」「いつかは次のステージに行くつもり」という言葉だ。今どれだけ稼いでいたとしても、ずっと続けるつもりはないし、別の目的のためにセックスワークでお金を貯めているという人もいる。「期間限定と決めているからこそできる働き方でもある」と口にする女性も多い。

そして「いずれは別の仕事をするつもり」と未来を見据える先に、心理学やカウンセリング分野への興味を持つ女性が多いことも印象的だった。客の中には、「外では常に気を張っている分、安らげる場所がほしい」という経営者や、「誰かに話を聞いてほしい」と孤独感を募らせるビジネスマンなども訪れるという。「唯一、本当の自分をさらけ出せる場所」だと打ち明ける客もおり、接客の場が心の拠り所となっている客の姿を目の当たりにしてきた。性風俗の仕事をするなかで、そうした人間のいろんな面を見るにつれ、自然と心理学やカウンセリング分野への興味が湧いたと女性たちは口を揃える。

「性的なサービスを提供する場は、昔から〝精神的な慰安〟を求める場でもあるとされてきました」

こう話すのは、『戦前日本の私娼・性風俗産業と大衆社会　売買春・恋愛の近現代史』（有志舎）などの著書で知られる寺澤優さん（日本学術振興会・特別研究員）。歴史を辿ると、1585年（天正13年）より豊臣秀吉が始めた遊郭も、性的なサービスを提供する場であると同時に、精神的な慰安を求める場でもあったとされる。日本にいつから遊女（性的なサービスを提供する女性）がいたかは定かではないが、万葉集に書かれている「遊行女婦《うかれめ》」という言葉は、旅芸人として放浪しながら売春する女性を指すと推察されている。

戦前日本の売買春は、江戸時代の遊郭からの流れをくむ吉原を始めとした場所で行われていた。戦前には「公娼制度」があり、営業を許可された娼婦「公娼」による合法的な売買春が認められていた時代もある。公娼は政府によって定められた規則を守り、遊郭業者は賦金と呼ばれる税金のようなものを納めていた。一方、酒屋の酌婦やカフェーの女給などの「私娼」と呼ばれる公の営業許可を与えられていない娼婦も数多く存在し、公娼にはないサービスを提供することで差別化を図っていたと見られている。

私娼は、そもそも法律的に認められていない存在で、規制の対象外であり、税金も払っていない。その不公平感から「私娼を取り締まれ」という議論が出たり、地域住人から「風紀が乱れる」と警察に訴えられることなどもあったが、娼婦は街の経済が発展していくのに欠かせない存在でもあり、必要な存在としても受け取られていた。関東の都市部では、関東大震災からの経済的な復興を目指す際の、地域に利益をもたらす手段の一つが歓楽街化＝花街になることでもあった。

「戦前、街を新たに開発していく時には、軍隊と遊郭がセットで入るのが常でした。軍隊が入ると遊郭が必要になり、遊郭の存在は軍隊の維持・強化にも必要だと考えられてきたのです。男性の性欲は制御できない、すべきでないとされており、兵士の性欲処理の場が必要とされていました。こうした背景もあり、時代が進んで世界的に公娼制度が廃止されていくなかでも、日本では長く公娼制度が残っていたのです」（寺澤さん）

大正末期、19歳で吉原の貸座敷「長金花楼」に売られた春駒という娼妓による日記（『春駒日記』２０１０年、朝日新聞出版）には、娼妓と客の間にあるのは性行為だけではないことが描かれている。さまざまな男性客が訪れるなかで、いつしか彼らの悩みを聞いたり、文学談義に花を咲かせたり、讃美歌を合唱したりということもあったようだ。一部を紹介しよう。（　）は著者。

（恋に破れた早稲田商科の学生に請われて、讃美歌をともに歌う記述）

「君、讃美歌知っている？　『みのれる田のもは見渡す限り』あれを僕に唄ってきかせて呉《く》れんか。僕はあれを女の細い声で聞き度《た》いと思っていたんじゃ」

彼はしきりに唄えとすすめた。私も讃美歌が大好きなので彼の云うなりに唄った。

（中略）

「今日は金がないから、一時間だけ話して帰る。すまないけれど」

彼は三円出した。

「今日は一緒に讃美歌を歌おう。だが、こんな所で歌うべきものでないから、君もお祈りし給え」

（中略）

「君、もう最後の別れじゃ。いつもの讃美歌を二人で唄おう。そして別れよう」

（『春駒日記　吉原花魁の日々』２０１０年、森光子、朝日新聞出版より）


下宿の本や浴衣、時計などを質に入れて春駒の元に通い続けた学生は、最終的には自らの身の上話を春駒に打ち明け、中国に渡る。

幕末から昭和初期にかけ、海外に渡って娼婦として働いた〝からゆきさん〟と呼ばれる日本人女性も、貧しさゆえに身売りされた人が多かったとされる。異国に売られた女性たちを始め、関係者への聞き取り調査や、当時の新聞記事などの資料調査を元に書かれたノンフィクション作品『からゆきさん』(1976年、森崎和江、朝日新聞社)では、彼女たちについてこんな記述がある。( )内は著者。

明治維新ののち、貧しい男女が海外に働きに出た。そのように海を越えて働きにゆくことや、またその人びとを、「からゆき」とか「からんくにゆき」とか、また「からゆきどん」と呼んだのである。海外への出稼ぎといっても、明治のころは海の外も賃労働はすくなく、行商をするか、雑用に使われるか、土工や石工などになって親方にしたがうかであって、ひとり娼楼ばかりがさかえた。そのため海をわたる女が後をたたず、やがて「からゆき」とはこれら海外の娼楼に奉公に出る女たちを意味するようになった。

(中略)

からゆきさんはこれら口入屋の手をへて、海外へ娼妓を送り出すことを専業とするものたちへわたされた。あるいはその専業者に直接さそわれた。密航専門の誘拐者に。

のちにくわしく述べたいと思うけれど、維新のあと、海外航路も船舶もととのっていなかった日本から、多くのからゆきさんが出ているのである。そのほとんどは出航手続きをせず、船賃を払わず、先の新聞記事がつたえるように船底にひそませられての渡航であった。

（※からゆきさん：幕末から明治、大正、昭和初期にかけ、貧しさから海外に渡り、娼婦として働いた女性のこと。主に天草地方から東南アジアなどに働きに出た人たちの総称でもある）

公娼や、私娼の芸妓や酌婦は、前出の娼妓・春駒のように困窮した家族から売られるなどして就業している人が多かったが、大正時代に都市部で登場してきたカフェーの女給（性的サービスを提供する女給）は、自分の意思で就業した人も多いとされる。当時のカフェーは、商売として〝性を売る〟だけでなく、恋愛に至るかもしれない〝関係性を売る〟新しい場所として出てきた。

恋愛と性と結婚の〝三位一体〟がセットになった概念が日本で広まったのは、明治から大正時代にかけてとされる。ただ大正から昭和初期までは、恋愛は理想としては語られていても、男性も女性も現実世界ではなかなか実践できないものだった。恋愛結婚が見合い結婚を上回るのは戦後、それも1960年代後半のことだ。そこで女給は、単に性を売るだけではなく、駆け引きを含めた擬似恋愛を売っていたとされる。今でいう、キャバクラや風俗の営業スタイルの一つである〝色恋営業〟と通ずるところがある。

「客視点で言えば、貧しい家庭から〝売られてきた女性〟に対して、可哀想に思うところもあったと思います。しかしカフェーの女給のように、自分で選んで仕事をしている人とは、そうした感情抜きで対等に話ができる。客にとっては結果的に、それが精神的な慰安になっていたと見ています。性風俗のサービスを提供する場で、客の悩みを聞いたり、客から身の上話を打ち明けられたりといったことも、昔から見られていたこと。人間の本質的な部分というのは、昔からあまり変わらないのかもしれません」（寺澤さ

ん）

実際、取材を通じ、性風俗の仕事は現代においても、性的な快楽を提供するだけでなく、精神的な拠り所となっていることを実感させられた。今、「自分で選んでこの仕事をしている」と、よりポジティブに性風俗の仕事に向き合う女性たちのスタンスがあるとすれば、客にとっては女性たちのそうした姿勢が、性風俗を利用することの心理的なハードルを下げ、罪悪感なく性の処理ができ、結果的に精神的な慰安につながっているという側面もあるのかもしれない。

現代のセックスワークは、誰しもが何らかの〝仮面〟をつけて過ごすことが当たり前になった現在において、ある意味で最も、人間の本質的かつ本能的な部分を垣間見る仕事とも言えるかもしれない。少なくとも女性たちは、「この仕事をしたからこそ、初めて見えたものがあった」と口にする。

一方、性風俗の女性たちが心理学やカウンセリング分野へ興味を持つ傾向について、厳しい声もある。「心理学的に見れば、女性を買う男性の心理は、支配欲と自分の抱える寂しさを埋めたい欲求の二つ」だと話すのは、前出の諸井名誉教授。女性たちの心理学やカウンセリング分野への関心は、「私はお金と引き換えに仕事をしているんじゃなくて、相手の心の苦悩を救っているんだという解釈によって、罪の意識を低くしようとしているのでは」と推察する。

「客は〝お金で女性を支配している〟つもりになっていて、ともに過ごす時間を含めて女性を買っているから、日常の苦悩をこぼすこともあるかもしれない。しかしそれは、いわゆる自己開示とは少し違います。女性たちは、お金と引き換えに性を売ることの、合理的な理屈を作っているようにも見えます」（諸井名誉教授）

福祉が性風俗業に勝てない現実

「風俗嬢は、病んでる子が多いから」

取材のなかで、性風俗業の女性たちから、よく耳にした言葉だ。性風俗で働く女性を対象にした生活・法律相談事業を運営する前出の坂爪さんによれば、「風俗の仕事で稼げていない層の半分以上が、何らかの精神的な問題を抱えていると見ている」という。

実際、坂爪さんが運営する風テラスに相談に来る女性の大半が、精神的な問題を抱えている。なかには、昼の仕事での長時間労働によるストレスや、上司からのパワハラやセクハラでメンタルを壊して精神疾患を抱えてしまい、結果として性風俗以外に働く場所がなくなってしまったという女性もいる。また高校卒業後に就職したものの、職場のストレスでうつ病になり、それからデリヘルや単発のバイトなどを繰り返して、気がつけば50代になっていた女性もいるという。

「一般的には〝性風俗で働くからメンタルを病む〟と考えられている向きがありますが、それは違う。実際には〝メンタルを病んだ結果、性風俗で働かざるを得なくなった〟という構図のほうが正確です」（坂爪さん）

何らかの精神的な問題を抱えていることで、例えば時間通りに出勤できなかったり、対人コミュニケーションが苦手だったりすると、昼の仕事に就労するのが難しい場合もある。それに比べて性風俗の仕事は、一般的な昼の仕事に比べて時間の融通が利きやすく、コミュニケーションが苦手であっても、基本的には客とは行きずりの一時的な関係で、深く関わる必要がないこともあり、この仕事なら続けられるという人もいる。性風俗の仕事が精神的な拠り所になっていたり、性風俗の仕事のおかげでどうにか生き延びることができたという女性も少なくない。実際、パニック障害やうつ病、引きこもりなどの理由で、一般の仕事をすることが難しい女性にとって、性風俗店は収入を得ることのできる貴重な職場でもある。なるべく人と関わり合いたくないという理由で、性風俗で働いて一定のお金を貯めた後、何もせずにただ貯金を切り崩しながら生活する女性もいる。そのため、「絶対に風俗の仕事がいい」「ずっとこの業界で働きたい、辞めたくない」という女性も少なくないという。歌舞伎町など歓楽街の研究を続ける武岡暢准教授（立命館大学）は言う。

「性風俗の仕事は、精神的な問題を抱えていても、一般的な昼の仕事と比べて働きやすい場合があるとは言えます。今の日本は、フルタイムでの就労のハードルが高く、精神的な問題を抱えた人にとっては就労がかなり厳しいのが実情で、社会の構造がいびつとも言える。本来であれば、もう少しハードルを下げた、中間的な就労のスタイルが選べたり、精神疾患がある人も従事しやすい環境があると良いのですが、現状ではそれがなかなかありません」

また、経済的困窮や家族がいないなどの理由から住まいを借りることができない人にとっては、性風俗の店で多い、寮が完備されている就労環境に助けられることも多い。単身のみならず、子連れであっても即日入居可能なマンションや寮を完備しているキャバクラやデリヘル店は全国にあり、福祉の世界に先駆けて、手厚い体制を敷いているのが水商売や性風俗の世界という実態もある。結果的に「現金日払い」「即日高収入」「住まい完備」という風俗の仕事に助けられている人も少なくない。

「性風俗の仕事は、障害者雇用枠や就労継続支援事業などの福祉的就労に比べれば、複雑な申請手続きや面倒な審査もありません。何より、福祉的就労の月収に匹敵する金額を、わずか数日、場合によっては数時間で稼ぐことができる。家族からの排除、家がないハウジングプア、働いていても貧困状態にあるワーキングプア、そして障害に伴う社会的排除、それらの問題を解決してくれる仕事になり得る。その意味で、今の福祉的就労は、性風俗の仕事に勝てない側面もあると感じます」(坂爪さん)

性風俗の業界は、生きづらさを抱えた人が集まりやすい世界という側面もある。1部で登場した女性たちのように、性風俗の仕事に至る背景には、何か劇的なドラマがあるわけではなく、誰にでも起こりうる些細なことが積み重なった結果だったりする。金銭的な問題から、自然と目を向けた先に、性風俗の仕事があったという流れの人も多い。また、過去の苦労と比べたら、今いる場所がずっと明るいという人もいる。賃金も物価も先行きも不安定な今の時代、これらは決して一部の人に限った話とは言えない。

「だからこそ、もっと人の支援が入ると良いなと思います。性風俗の仕事は事実上、セーフティネットとして機能している面もありますが、基本的には稼げなくなったら切られる世界で、店が用意する寮も出勤して稼ぐ前提で入れます。心身の不調で出勤できなくなったり、出勤しても指名がつかない＝稼げない状況になったら、すぐに退去を迫られます。風俗はあくまでも商売で、実際は慈善事業でも福祉でもありませんから」（坂爪さん）

風俗嬢の権利はどうしたら守れるのか

日本では、性風俗の仕事をする女性に対し、強いスティグマ（負の刻印）もある。売春防止法によって売春が犯罪とされていることも大きな理由の一つだろう。ただ売春防止法では、買売春そのものに対する罰則規定はなく、買春した人も売春した人もそれだけでは処罰はされない。罰則によって規制されているのは、勧誘（街頭での客引きなど）や、周旋（売春婦派遣の仲介・あっせんなど）、買売春を助長したり、そこから利益を得るような行為だけだ。

また一口に性風俗と言えど、〝本番類似行為〟として多種多様な業態が合法化されているのも、日本ならではの特徴と言える。〝ごっこ遊び〟のような、設定ありきのプレイやサービス内容に「やってられない」「気持ち悪い」と海外でのセックスワークを選んだ女性もいる一方、「設定があることで助けられる、そのほうが働きやすい」という女性もいる。性風俗店の営業は、風俗営業法が取り締まっているが、この合法営業の中でも実際には売春は行われ、良くも悪くも見逃されている。つまり多くのセックスワーカーは、本来は売春が禁止されているにもかかわらず、密室内であるがゆえに、実際には行うことができるというグレーな立ち位置でサービスをしているわけだ。

さらに風俗営業法はいわゆる公序良俗を守るための法律で、そこで働く人の権利を守るものではない。店の多くは、働く人と直接の雇用関係を結んでおらず、働く人は個人事業主として店から仕事を委託されている。そのため労働関連法で守られる人も限られている状況がある。また多くのセックスワーカーは、社会的なスティグマがあることから、働く者としての主張が難しく権利も保障されていない。

「セックスワーカーが、例えば対価が支払われない、暴力を受ける、無理やり性行為をさせられるなどの被害を受けても、助けを求めることは困難で、労働者として非常に弱い立場に置かれています。仮に被害を訴えたところで、売春によって犯罪者にもなってしまう可能性がある。さらに、日本国内で働いている外国人セックスワーカーになると、出入国管理法上の資格外就労になり、不利益なく被害を訴えることはほぼ不可能です。これは海外出稼ぎで不法就労を行っている日本人にも同じことが言えます」（青山教授）

売買春について、アメリカのネバダ州、ドイツ、オランダなど「合法化」している国や地域は多数ある。これは買売春を政府などが認めた場所、方法などに限る形で管理するためのものだ。

一方、ニュージーランドでは国全体で売買春を「非犯罪化」し、合意に基づく大人による売春は一般の職業と同一と見なしている。他のサービス業と同じように商法や労働安全衛生法など一般法では規制されるが、売買春を特別に取り締まる法律はほぼない。

つまり、セックスワークも、他のどんな仕事とも同じように扱われる。そのためセックスワーカー、事業者、顧客の三者全てが犯罪に問われない。オーストラリア・ニューサウスウェールズ州など、一部地域で同様に非犯罪化したところはいくつかあるが、国全体で売買春を非犯罪化しているのはニュージーランドだけであるため、「ニュージーランドモデル」とも称されている。

「性風俗産業で働いている人も、労働者として日常的に安全と健康を守り、困ったときには支援が受けられることが重要です。そのためには売春が犯罪とされていることと、取り締まりを考え直さなければならない。理想は、ニュージーランドのような非犯罪化ですが、現在の日本では、風営法によって管理されることで、働く人が守られている部分もある。法律で規制されているからこそ、当局の介入も可能になるわけで、規制がなくなるのはリスクが高すぎます。ただ、それとセックスワーカーの労働者としての権利とはまた別問題。少なくとも、法律の中で、セックスワークを労働として認め、労働基準法に準ずる労働者性を認めることが必要だと思います」（青山教授）

戦前の性風俗産業について研究する寺澤さんも、「かつてよりも今のほうが、性産業で何か問題が起きても真剣に改善しようという社会的な動きに発展しづらいのでは」と指摘する。日本でも戦前は合法の公娼制度があったが、合法であるということは規制対象であり、ある意味では守られている存在とも言える。

「それと比較すると、今の性産業のほうが場合によっては危険が伴ったり、偏見に晒されたりする部分が強いのでは。戦後に売春防止法が成立して以降、日本社会におけるセックスワーカーの扱いや、セックスワーカーへの視線はいびつになっているように思います。その象徴が、例えば性風俗産業の事業者がコロナ禍で給付金の対象外にされるといった形で現れているのではないでしょうか」

セックスワーカーは、こうした厳しい環境に置かれているからこそ、社会の動きに対し、より敏感な傾向があるのかもしれない。海外出稼ぎに行く女性たちは、一様に「稼ぎたいから」と口にするが、それは必ずしも「贅沢したい」とイコールではない。実際には稼いだお金で老後資金を貯めようとしていたり、借金を返済しようとしていたり、人並みの生活が送りたいという理由だったりもする。

風俗嬢の海外出稼ぎは、今後も加速していく

「いずれこういう日が来るとは思っていましたが、ついに来たかという感じです」

性風俗業界で働く当事者を支援する団体「SWASH」の元には、最近、オーストラリアのセックスワーカー支援団体から、「日本語で書かれた性感染症予防についての啓発資料を送ってほしい」という依頼があった。オーストラリアで日本人セックスワーカーが増えていることを背景に、「日本人セックスワーカーに配布したいから」というのが理由だという。

「海外で働く日本人セックスワーカー向けの情報が必要になる時代が来るなんて、10年前には思ってもみませんでした。これまで海外では、移民セックスワーカー向けに、困った時の相談先などが書かれたパンフレットが英語、中国語、韓国語、タイ語、ベトナム語などで用意されていましたが、そこに日本語が加わる時代が来たのです」

要さんは、「出稼ぎの動きは、もう止められないと思う」とも口にする。

「日本があまりに貧しく、稼げない国になってしまった。日本で1年で稼ぐ額が、下手

すると1カ月で稼げるとなれば、行く人が出てくるのは当然だと思います。海外に出稼ぎに行く動きは、今後ますます広がっていくと見ています」(要さん)

性風俗業の女性が海外に出稼ぎに行く動きは、日本特有の業界的な問題をはらんでいると見る向きもある。「日本の性風俗業界が今のままである限り、海外に出稼ぎに行こうとする動きは加速するでしょう」と話すのは、性風俗業界の動きについて詳しい、前出の中村淳彦さんだ。中村さんいわく、AV業界では10年ほど前から、中国の富裕層を相手に、プロダクションが女優を売春させる動きが出てきているという。

「日本人女性の〝市場評価〟は世界的に見ても高い一方で、日本の性風俗業界では、男性が女性を安く買い叩いている現状がある。これまで日本では、男性が作った売買春のシステムの中で働く女性が多かったのが、SNSなどの普及によって、従来のシステムに則らずとも仕事ができる時代になった。となれば、個人でしがらみがなく働きたいと考えたり、より稼げる相手に目が向くのは、ある種必然とも言える流れではないでしょうか」(中村さん)

性風俗産業全体を通して、雇用関係がないにもかかわらず、実態としては従業員並みの規則や枠組みが設けられているケースも少なくない。実際、出稼ぎをする女性たちの中には、「決められた枠内で、決められたサービスを、決められた価格で提供する日本の風俗店に嫌気がさした」という人や、「海外のほうが嫌なことは嫌と言えるし、自由に働かせてくれる」という人もいた。前出の武岡准教授はいう。

「女性たちは個人事業主で、店は場所を貸しているだけといったとしても、それはあくまで表向きの建前。店と女性との間に雇用関係がなくても、実際は就業に関する厳しい規則があったり、出勤についての細かい指示があったりと、結局は女性に裁量がそこまでないというケースは多く見られます。セックスワーカーの全体像をつかむのは難しいものの、働き方の実態は、ほとんど従業員というケースも少なくないのでは」

AV業界の先例

2022年、警視庁では、生活に困窮した女性が都内の繁華街で売春を行うケースが増えたことなどを受け、検挙された女性を対象に自治体の相談窓口に同行するなどの支援を専門に行う担当者の配置を始めた。またDV（家庭内暴力）や性被害、貧困などさまざまな困難を抱える女性への支援を強化する新法「困難な問題を抱える女性への支援に関する法律」が成立し、2024年4月から施行される動きもある。

新法では、「売春を行うおそれのある女子」を要保護女子とした婦人保護事業も盛り込まれるが、「性風俗業に従事する人への差別を助長させるのでは」と懸念するのが、前出の要さんだ。

要さんは、新法によって、性風俗業界で働く人への風当たりが強くなり、法規制が強化されるなど、職を失う人が増えることを心配している。なぜなら日本国内で職を失うことで、海外に出稼ぎに行く流れが加速する可能性が拭えないためだ。

「実際に、AV業界ではすでに、懸念している現象が起こり始めています」(要さん)

書面での出演契約から1カ月間の撮影禁止や、全ての撮影終了後4カ月間の公表禁止、公表後1年間(施行後2年間は経過措置として2年間)は無条件で全ての出演契約を解除可能であることなどを定めた「AV新法」の影響もあり、今後AV女優の仕事はコロナ禍以上に減ると見られている。一方、日本のAV作品は世界的にも人気で、たとえ国内で稼げなくなってきていたり、また有名でなくても、「日本のセクシー女優」の肩書きがあれば、売買春の需要は跳ね上がる傾向がある。

２０２３年９月、香港で逮捕された売春グループの中に日本人女性が４人おり、うち1人がAV女優だったと現地メディアで報道された。日本国籍の女性の１回の料金は６千～７千香港ドル（約11万～13万円〈1香港ドル＝18円換算〉）だったという。同グループは外国の女性たちや未成年の少女を香港に連れてきて売春させた疑いがあり、匿名性の高い通信アプリを通じて、「時給2千～２５００香港ドル」と称して女性を集めていた。

また２０２２年10月にも、同じく香港で、日本人のＡＶ女優が売春摘発の捜査で逮捕されたＡＶ女優は、26歳と偽って売春をしていたが、実際は39歳だったという。

される事件があった。現地メディアの報道によれば、女優は複数の外国人売春婦の一人として逮捕された。法律の網の目をかいくぐる際どいビジネスは、反社会的勢力が入り込む余地を与えやすい。売買春に絡むマネーは、反社会的勢力の資金につながりやすいのも事実だ。税務当局が把握できない資金を放置しておけば、闇経済がどんどん膨らみ、社会不安の温床が広がってしまう。

「日本の風俗の仕事が規制されて、海外でしか稼ぐ手段がなくなると、出稼ぎを考える人がもっと増えてしまうかもしれない。出稼ぎはリスクが高く、逮捕されると人生のチャンスを棒に振ることにもつながる。危険な綱渡りをしなくても日本で十分稼げる環境が守られるよう願っています」（要さん）

本当に考えるべきは「何が風俗嬢を海外出稼ぎに向かわせるのか」

２０２３年9月、観光のためにハワイに渡航するも、現地の空港で入国を拒否され、強制帰国させられた30代日本人女性の報道が注目を集めた。海外出稼ぎの実態はつかみきれないが、これまで述べてきたような不法就労の出稼ぎの動きが絡んでいることは紛れもない事実だろう。実際、専門家の元には「本当に観光目的なのに、なぜか疑われて入国拒否された」という日本人女性からの相談が増加している。「バレなければ大丈夫」と海外に渡り、不法に働く例が相次いでいることを当局が察知している証とも言える。

ある人にとっては、一時的に、リスク以上に高いリターンが得られるのかもしれない。だが一方で、その他大勢の人にとってマイナスな影響を及ぼしていることを忘れてはならない。仮に今後、出稼ぎに行く人がさらに増えると、日本人の入国が一段と制限されかねないし、「異文化を知りたい」「海外で学びたい」という若者のチャンスをも狭めかねない。

入国拒否を受けた女性からの相談が相次いでいる行政書士の佐藤さんは、「相談を受けるようになって初めて、出稼ぎビジネスがこれほど巨大なマーケットだったと知った」と口にする。佐藤さんの元には、エージェントやスカウトなどを介して出稼ぎに行こうとし、強制帰国させられた女性たちからの相談もある。特筆すべきは、相談はほぼ全て〝女性から〟だということだ。仲介に入るエージェントやスカウトなど、報酬を支払う側の大半が男性とみられるが、矢面に立たされ、もっともリスクを背負わされるのは、渡航する女性たちであることが、痛いほどに伝わってくるという。

「相談に来る女性たちは、穏やかで物腰柔らかなタイプが多く、落ち着いてコミュニケーションが取れる若い女性が大半という印象です。正直なところ、〝こんな方がなぜ売春目的で〟と思ってしまう人がほとんど。今の状態は、女性だけが裁かれている印象で、非常に理不尽だと感じます。もちろん売春目的で入国しようとする女性側にも、十分に落ち度はありますが、自分は決して表に出ず、リスクは女性に背負わせ、隠れ蓑の中で

女性たちを動かして暴利を貪っている仲介業者が、より悪質だという思いも拭えません」(佐藤さん)

海外出稼ぎで違法行為をする女性たちを批判するのは簡単だ。事実、「自分さえ良ければいい」と海を渡る行為は、いろんな意味での危険を孕んでいるし、批判を受けても仕方がない行為とも言える。

しかし大切なのは、「一体何がそうさせているのか」という本質を考えることではないだろうか。女性たちが「もっと稼ぎたい」と話す背景は、格差や差別が広がる社会の実態もあれば、生きづらさを抱えた人が働きづらい、平等に自己実現したいのに、一度ルートを踏み外すとそれが叶いづらい、人並みの生活が送りたいのにそれが難しいといった、社会の歪みの表れのようにも見える。実際、「軽蔑されると思うけど、私にとっては、生きるためにお金を得る手段なんです」と口にした女性もいた。

ルポで登場した女性たちの何人かは、一風俗嬢としての視点を超えて、国内外の業界の動きを冷静に俯瞰して捉えており、性風俗以外の仕事でも十分に稼げる能力がありそうに見えたのは、取材してみての実感だ。安定した仕事とは言えないことも起因してだと思うが、経済や社会の状況にも人一倍敏感で、ブランディングやマーケティング力、リサーチ力、交渉力、行動力もあり、経営者視点も持ち合わせている。同世代の中でも、かなりいろんなことを敏感に察知し、考えているほうではないだろうか。

ただ、今性風俗の出稼ぎでかなり稼げていたとしても、それは危険と隣り合わせの違法行為で、いつ摘発されたとしてもおかしくない。にもかかわらず、彼女たちにはそれぞれの事情があって、出稼ぎに至っている。もし国内で十分に能力が発揮できる環境があったり、それなりに収入を得られていたり、大切な誰かがいたりなど、つなぎとめる何かがあれば、出稼ぎに行き着くことはなかったかもしれない。何より彼女たちは本来、違法な出稼ぎ以外の選択肢でも、十分に稼げる可能性がある。今後、彼女たちが別の選択肢にも目を向ける機会があることを望むばかりだ。

「彼女たちは、ただただ生き延びるのに必死なだけ。不平等な社会で、再分配に平等にありつきたい。出稼ぎは、それを求める行為の一つではないでしょうか」（要さん）

だとしたら、ただ出稼ぎの善悪をジャッジするだけでなく、もっと考えるべきことがあるのではないだろうか。

「他の仕事より稼げそうだし」と、何となく性風俗の仕事に行き着く。あるいは何か事情があって、やむを得ず性風俗の仕事をする。または、「他にまともに稼げる手段がないから」と選択するに至る。それぞれの経緯があって、性風俗の仕事に行き着くと、誰もが稼げるわけではないが、一般的な仕事と比べると高い収入を得やすい。たとえ昼職に戻っても給与が低く、生活していくのが難しいなどの理由から、「もう昼職には戻れない」という人も少なくない。そして性風俗の仕事は、困難を抱える人のセーフティネットとして機能している実態もある。ただでさえ長く不況が続き、働いてもなかなか賃金が上がらないなかで、物価高がさらなる追い討ちをかけている。生活の苦しさから、性風俗の世界に足を踏み入れる人も多い。

だが、甘い世界ではない。若さが重視され、経験があっても稼げなくなったら使い捨てにされやすい世界だ。「もっと稼ぎたい」と考え頑張ったとしても、それがなかなか叶わない今の日本で、思うように稼げないという壁に突き当たり、何かのきっかけで海外に目を向ける。不法就労は違法かつ危険な橋だが、出稼ぎの仕事を経験することで初めて見える、日本の風俗業界特有の問題もあるようだ。出稼ぎを通じて初めて、「性風俗後」の人生を思い描けた人もいる。

長引く不況に生活苦、働きづらさ、生きづらさ、満たされない思い、家族との確執、承認欲求、先の展望が描けないこと――出稼ぎに至る背景には、さまざまな問題が絡み合っている。その一つ一つは、決して特殊なものではなく、誰もが多少なりとも肌身で感じたことがある問題ではないだろうか。その意味で、出稼ぎの動きには〝個人的な動機〟を超えた、もっと社会的な背景が見え隠れしている気がしてならない。

おわりに

その昔、地元の繁華街の一角に、「美人座」というフィリピンパブがあった。今から20年ほど前、私が高校生の頃には、そのパブは人気を博していて、多くの男性がたむろしていたような記憶がある。その頃、繁華街近くの高校に通っていたこともあり、美人座で働くフィリピン女性たちの姿を、よく目にした。

地方の小さな街で、外国人の姿がそれほど当たり前ではなかったこともあり、彼女たちの存在は目立っていたと思う。派手なメイクに、身体のラインが分かるぴったりとしたワンピース。スカートの丈は、決まって短く、すれ違うと強い香水の匂いがした。

夕暮れ時、街の明かりがぽつぽつと灯りはじめる頃が、彼女たちの出勤時間。綺麗に着飾った女性たちが、楽しそうに連れ立って店に入っていく。夜の街で、年配の男性とともに歩く姿も何度か目にした。そこに悲壮感などはなく、思い出すのは笑顔で楽しそうな、華やいだ姿だ。

「あの建物の中は、どんな風になっていて、何が行われているのだろう?」

高校生だった私は、友達との他愛ない会話のなかで、そんな話をすることもあった。どこかで〝近づいてはダメな場所〟という認識が刷り込まれていて、それが余計に興味を掻き立てた。

学校が午前中で終わる土曜日など、週末の昼間に街をぶらついていると、美人座で働いているフィリピン人女性たちが、ノーメイクに普段着という夜の姿とは全く違う格好で、日用品の買い物をしたり、アイスクリームを食べながら街を歩いている光景も目にした。当たり前のことだが、「この人たちも、ここで、普通に生活しているんだなあ」としみじみと思った記憶がある。

その後、「美人座」は夜の街の衰退とともに姿を消し、今は存在しない。彼女たちはその後、どうしたのだろう。

そんなことを、ふと思い出すきっかけになったのは、2023年に休刊した「週刊朝日」編集部からの一言だった。

「今、日本人の風俗嬢が海外に出稼ぎに行く動きがあるらしい。取材して記事を書いてみないか?」

風俗業界は門外漢な私にどうして、という疑問よりも、「日本人女性が、海外に出稼ぎ……?」という興味が先に立った。その時の私には、日本の不況がこれほどにも長引いていようが、どこかでまだ、日本=海外から〝出稼ぎをしに来る国〟というイメージがあった。なぜか、日本=豊かな国という感覚が拭えなかったのだ。

考えてみれば、それがいかに幻想か、すぐにわかることだ。実際、取材を進めるにつれ、その感覚はことごとく塗り替えられていった。同時に、これまで漠然としたイメージだけで捉えていた、性風俗業界や風俗嬢と呼ばれる女性たちに対する印象も、大きく変わることとなった。

先のフィリピンパブの女性の話に戻ろう。折しも2023年末、NHKでこんな報道があった。

2000年代初めに、いわゆる「興行ビザ」で、出稼ぎ目的で来日したフィリピン人女性と日本人男性の間に生まれた子どもたちが成人となり、父親探しなどを目的に来日してトラブルに巻き込まれるケースが相次いでいるという。こうした動きを受け、民間の支援団体が、来日前の研修の充実などを求め、国に要望書を提出した。フィリピンから興行目的で来日し、フィリピンパブなどで働く動きは04年に8万人余りとピークに達し、日本政府が05年に「興行ビザ」の発行を厳格化したことにより、その数は減少したそうだ。

ピーク時からおよそ20年が経った今、日本人男性との子どもを身ごもるも、未婚で出産後に「相手と連絡が取れなくなった」「経済援助も受けられず、父親不在で子育てしてきた」とするフィリピン人女性の姿が、どこかで先の美人座の女性たちと重なった。

日本人風俗嬢の出稼ぎの動きは、20年後どうなっているだろうか。出稼ぎの動きは、ある意味で、日本経済や社会状況が読み取れる一つの指標とも言える。「今の経済状況が続く限り、出稼ぎの動きは止められない」とする声もあるが、リスクをよく考えずに、安易な考えで出稼ぎに行こうとする女性たちが減ることを望むばかりだ。

最後に、出稼ぎについて、話すことのリスクと折り合いをつけて、自らの体験を聞かせてくれた女性たちに感謝します。彼女たちの体験談なしには、この本を作ることはできませんでした。そして、出稼ぎの動きを読み解くにあたり、それぞれの分野から豊富な知見を寄せて分析いただいた専門家や識者の方々にも、深く感謝します。

この本は、朝日新聞出版書籍編集部の編集者、大谷奈央さんの発案によってスタートしました。デスクの宇都宮健太朗さんとともに、最初から最後まで、丁寧に寄り添っていただき、心より感謝します。また、このテーマを取材するきっかけをくださった「週刊朝日」編集部の渡部薫編集長、デスクの常冨浩太郎さん、そしてこの本の帯デザインを担当してくださったフロッグキングスタジオさん、校正のくすのき舎さんにも深く感謝します。会社を辞めた人間に本を書く機会を与えてくれた、朝日新聞出版の懐の深さにも、頭が上がりません。

取材と本作りにご協力いただいた、すべての方に感謝を込めて。

〈初出〉本書は「週刊朝日」２０２３年1月6日－13日合併号、1月20日号に前・後編で掲載された「海を越えて〝出稼ぎ〟する性風俗業の女性たち」を元に追加取材、大幅加筆を行ったものです。

主な参考文献

『日本の風俗嬢』（中村淳彦著、新潮新書、2014年）
『歌舞伎町と貧困女子』（中村淳彦著、宝島社新書、2022年）
『パパ活女子』（中村淳彦著、幻冬社新書、2021年）
『「身体を売る彼女たち」の事情――自立と依存の性風俗』（坂爪真吾著、ちくま新書、2018年）
『性風俗のいびつな現場』（坂爪真吾著、ちくま新書、2016年）
『性風俗サバイバル――夜の世界の緊急事態』（坂爪真吾著、ちくま新書、2021年）
『51のデータが明かす日本経済の構造　物価高・低賃金の根本原因』（宮本弘暁著、PHP新書、2022年）
『101のデータで読む日本の未来』（宮本弘暁著、PHP新書、2022年）
『一人負けニッポンの勝機　世界インフレと日本の未来』（宮本弘暁著、ウェッジ、2023年）
『戦前日本の私娼・性風俗産業と大衆社会　売買春・恋愛の近現代史』（寺澤優著、有志舎、2022年）
『春駒日記　吉原花魁の日々』（森光子著、朝日新聞出版、2010年）
『からゆきさん』（森崎和江著、朝日新聞社、1976年）
他、関連の新聞記事や報道番組

図版　谷口正孝
校正　くすのき舎
帯写真　d3sign/Moment
：ゲッティイメージズ提供

松岡かすみ　まつおか・かすみ
1986年、高知県生まれ。同志社大学社会学科卒業。PR会社、出版社勤務を経て、2015年より『週刊朝日』編集部記者。2021年からフリーランス記者として、雑誌や書籍、ニュースサイト、ウェブマガジンなどのメディアを中心に活動。

朝日新書
945
ルポ 出稼《でかせ》ぎ日本人風俗嬢《にほんじんふうぞくじょう》

2024年2月28日第1刷発行

著　者　松岡かすみ

発行者　宇都宮健太朗
カバーデザイン　アンスガー・フォルマー　田嶋佳子
印刷所　TOPPAN株式会社
発行所　朝日新聞出版
〒104-8011　東京都中央区築地5-3-2
電話　03-5541-8832（編集）
　　　03-5540-7793（販売）

Published in Japan by Asahi Shimbun Publications Inc.
ISBN 978-4-02-295257-8
定価はカバーに表示してあります。
落丁・乱丁の場合は弊社業務部（電話03-5540-7800）へご連絡ください。
送料弊社負担にてお取り替えいたします。